Der Anti-Stress-Trainer

Lizenz zum Wissen.

Sichern Sie sich umfassendes Wirtschaftswissen mit Sofortzugriff
auf tausende Fachbücher und Fachzeitschriften aus den Bereichen:
Management, Finance & Controlling, Business IT, Marketing,
Public Relations, Vertrieb und Banking.

Exklusiv für Leser von Springer-Fachbüchern: Testen Sie Springer
für Professionals 30 Tage unverbindlich. Nutzen Sie dazu im
Bestellverlauf Ihren persönlichen Aktionscode C0005407 auf
www.springerprofessional.de/buchkunden/

**Jetzt
30 Tage
testen!**

Springer für Professionals.
Digitale Fachbibliothek. Themen-Scout. Knowledge-Manager.

- Zugriff auf tausende von Fachbüchern und Fachzeitschriften
- Selektion, Komprimierung und Verknüpfung relevanter Themen
  durch Fachredaktionen
- Tools zur persönlichen Wissensorganisation und Vernetzung

www.entschieden-intelligenter.de

Springer für Professionals

Peter Buchenau

Der Anti-Stress-Trainer

10 humorvolle Soforttipps für mehr Gelassenheit

2. Auflage

 Springer Gabler

Peter Buchenau
Waldbrunn, Deutschland

ISBN 978-3-658-02393-5   ISBN 978-3-658-02394-2 (eBook)
DOI 10.1007/978-3-658-02394-2

Die Deutsche Nationalbibliothek verzeichnet diese Publikation in der Deutschen National-
albibliografie; detaillierte bibliografische Daten sind im Internet über http://dnb.d-nb.de
abrufbar.

Springer Gabler
© Springer Fachmedien Wiesbaden 2010, 2014

Lektorat: Stefanie Brich

Gedruckt auf säurefreiem und chlorfrei gebleichtem Papier

Springer Gabler ist eine Marke von Springer DE. Springer DE ist Teil der Fachverlagsgruppe
Springer Science+Business Media
www.springer-gabler.de

GELEITWORT VON BORIS SCHWARZ

Geplagt vom Zeitdruck rasen wir mit immer mehr Pferdestärken zur Arbeit, trinken dabei einen Kaffee-To-Go und surfen nebenbei mit LTE im World-Wide-Web, während uns das Radio die neuesten Weltmeldungen »eintrichtert«. Multitasking steht an der Tagesordnung. Auf der Arbeit surfen wir dann mit Highspeed im Internet und in der kurzen Mittagspause nehmen wir einen schnellen Snack im nahegelegenen Fastfood Restaurant zu uns. Wir besuchen Zeitmanagementseminare in der Hoffnung die Zeit managen zu können, Kurse um Quick-Reading zu erlernen und hoffen unseren Traumpartner bei einem Speed-Dating kennen zu lernen. Wir machen immer mehr Dinge gleichzeitig und haben förmlich das Auge fürs Wesentliche verloren. Selbst während den Mahlzeiten oder auf dem stillen Örtchen schauen wir oft fern, versenden Mails, checken Posts und Neuigkeiten oder surfen in sozialen Netzwerken wie Facebook, XING & Co.

Das Handy oder »Smartphone« ist für viele inzwischen ein ständiger Begleiter geworden. Oftmals sind Paare zu beobachten, die im Restaurant, in der U-Bahn oder beim Frühstücken im Hotel, nicht einmal mehr miteinander kommunizieren, sondern jeder für sich in sein iPhone oder iPad vertieft ist.

Zu keinem Zeitpunkt der Evolution waren wir Menschen einer schnelleren technischen Entwicklung ausgesetzt wie heute. Mit verheerenden Folgen. Viele Arbeitnehmer fühlen sich überfordert, leiden an dauerhaften gesundheitlichen Einschränkungen und verlieren nicht zu Letzt an Lebensqualität. Die sogenannten »Zivilisationskrankheiten« drohen unser Gesundheitssystem zu überlasten und treiben die Ausgaben explosionsartig in die Höhe. Krankschreibungen in deutschen Unternehmen steigen nach wie vor und verursachen Verluste in Milliardenhöhe.

Kein Wunder, denn genau diese technischen Entwicklungen haben sich gerade in den letzten Jahrzehnten maßgeblich auf unser heutiges Bewegungs- und Ernährungsverhalten ausgewirkt.

Während unsere Vorfahren um das Jahr 1900 herum noch 20 Kilometer täglich zu Fuß zurück legten, bewegt sich heute der Bundesdeutsche im Schnitt nur noch rund 1000 Meter am Tag. Und auch die Bereitschaft für qualitativ hochwertige Nahrungsmittel Geld in die Hand zu nehmen hat rapide abgenommen. Der Markt passt sich diesen geänderten Lebensgewohnheiten schneller an, als dem menschlichen Organismus lieb ist.

Immer schneller, immer weiter, immer mehr lautet das Lebensmotto und die Informationsdichte sowie der Drang, möglichst viel in kurzer Zeit bewältigen und erleben zu müssen, sorgen für Stress. Ja sogar für Dauerstress. Krankheiten wie Depression und Burnout klopfen schneller an der Tür als uns lieb ist.

Dieser Dauerstress ist es, der uns Lebenskraft und Lebenslust kostet!

Erfahren Sie in diesem Buch von Autor und Stressexperte Peter Buchenau, wie Sie mit ein paar Tricks und Kniffen Ihr Stresslevel in ein gesundes Maß »navigieren« und dort halten, um sich dauerhaft einer höheren Leistungsfähigkeit in allen Lebensbereichen und einer besseren Gesundheit erfreuen zu dürfen.

Bleiben Sie gesund!

Herzlichst,

Ihr Boris Schwarz

Speaker | Gesundheitsmotivator | Buchautor | Kolumnist der Gesellschaft für Ernährungsforschung e.V.

GELEITWORT VON VANESSA WEBER

Ich durfte mit dem Autor Peter Buchenau schon mehrmals arbeiten und habe an diversen seiner Seminar- und Vortragsveranstaltungen teilgenommen. Daraus resultierend haben wir, die Firma Werkzeug Weber, unter anderem uns dem Thema Stressprävention intensiv angenommen.

In einem seiner sehr lehrreichen und unterhaltsamen Workshops habe ich zusammen mit meinen Mitarbeitern Ideen zur Stressprävention aufgegriffen, strukturiert und auch umgesetzt. So zum Beispiel, wie wir Stress vermeiden und gleichzeitig für mehr Ausgeglichenheit bei der Arbeit und auch im privaten Umfeld sorgen können.

Ein Resultat der Umsetzung gebe ich gerne an Sie weiter: Jeder meiner Mitarbeiter bekam 500 Euro für ein Gesundheitsziel, das er sich selbst steckte – zum Beispiel mit dem Rauchen aufzuhören, eine Ernährungsberatung zu absolvieren, einen Marathon zu laufen und wieder andere wollten schon immer einen Yoga Kurs besuchen. Meine Mitarbeiter nahmen das Angebot gerne an und die Motivation und Loyalität steigerte sich nachweisbar.

Was hat Sie bisher aufgehalten Gesundheitsprävention zu betreiben? Hat der Anreiz gefehlt oder einfach nur der Schubs in die richtige Richtung? Heute schaue ich regelmäßig auf die Ziele und speziell auf die Gesundheitsziele meiner Mitarbeiter.

Denn Gesundheitsprävention ist ein Erfolgsfaktor in meinem Unternehmen. Prävention zahlt sich aus.

Der Autor bietet in seinem Buch viele weitere Ideen und Ansätze zum Umgang mit Stress im Berufsalltag. Dieses Buch hat sehr viel Praxisbezug und ist einfach und leicht, eben stressfrei, zu lesen. Praktische Anwendungstipps und heitere Anekdoten machen das Buch so lesenswert – Jeder Unternehmer und jede Führungskraft sollte das Buch lesen.

Vanessa Weber
Unternehmerin

Werkzeug Weber GmbH & Co. KG
www.werkzeugweber.de

Wenn du es wirklich tun willst, tust du es. Es gibt keine Ausreden

Bruce Nauman (Künstler)

INHALTSVERZEICHNIS

WARUM 10 ERSTHELFER GEGEN STRESS?

Haben Sie schon einmal darüber nachgedacht, warum sich zum Beispiel immer mehr Menschen eine Auszeit leisten, Wirtschaftsbosse sich in Klöster begeben um abzuschalten, Wellness-Angebote boomen, die Tagespresse fast täglich über Stress, Burnout und Mobbing schreibt, die Globalisierung immer mehr negative Auswirkungen zeigt, die Sehnsucht der Menschen nach Muße und Ruhe immer wichtiger wird?

„In der Ruhe liegt die Kraft". Mehr und mehr hat dieses zwar vielleicht etwas verstaubte Sprichwort heute wieder seine große Berechtigung. Aber vorerst müssen wir die Ruhe wieder finden!

Musik hören, eine Tasse Tee trinken, in die Sauna gehen, über die Felder spazieren, tief durchatmen. Das hört sich doch ganz einfach und selbstverständlich an. Erinnern Sie sich an die Zeit nach Ihrer Geburt, die ersten Kinderjahre? Wie unbeschwert und stressfrei Sie da waren? Okay, während der Geburt hatten Sie und Ihre Mutter mit Sicherheit Stress pur. Nach der Geburt aber gewiss nicht. Zwischenzeitlich aber haben Sie sich den Stress über Jahre angeeignet. Nur wissen Sie allzu gut: Was man erlernt, kann man auch verlernen. Sie haben nun mit diesem Buch die Wahl. Entweder Sie verlernen den Stress oder Sie erlernen die Kunst der Stressregulierung. Wie das ABC in Ihrer Schulzeit. Schritt für Schritt.

Erlernen Sie überall den Strom auszuschalten, wo Sie ihn aktuell nicht benötigen. Das heißt für Ihr unternehmerisches und privates Stressmanagement: Konzentrieren Sie sich auf eine Aufgabe und zwar nur auf Ihre Aufgabe. Damit nutzen Sie Ihre Zeit tatsächlich optimal aus und finden die Zeit, Ihre Batterien aufzuladen, kreativ zu sein und unter wirtschaftlichen Aspekten zu optimierter Höchstleistung zu gelangen.

Eine Recherche des Deutschen Managerverbandes und der „The Right Way GmbH" im Jahr 2008 bei Mitgliedern des Verbandes und in mehr als 150 Büchern zum Thema Stress, Burnout und Krisenmanagement hat ergeben, dass es quasi kein Buch auf dem Markt gibt, das nachweisbare und nachhaltige Erfolge zur Stressregulierung bietet. Warum nicht? Der Grund dafür ist einfach erklärt: Es liegt nicht an den Autoren der zum Teil hervorragenden Bücher, sondern beim Leser, dem Betroffenen an sich. Sind Stress und Burnout für einen Leser kein akutes Thema, wird er Bücher über Stressprävention nicht einmal kaufen, geschweige denn lesen. Sind dagegen Stress und Burnout ein akutes Thema, erscheint diese Materie so trocken und humorlos, dass wenn man ein Buch über Stress gekauft hat man es spätestens nach der 5. Seite gestresst für immer zuklappt. Zudem sind die meisten Stressreduzierungs- und Burnoutpräventionsbücher von Ärzten und Psychologen geschrieben. Diese Berufsgruppe verwendet ihre Fachsprache und diese Sprache wird von einer Vielzahl von Betroffenen nicht verstanden. Kommunikation findet immer nur auf der gleichen Ebene statt. Dieses scheinen viele Spezialisten und Experten nicht zu berücksichtigen.

Ein Beispiel: Da gibt es Bücher auf dem Markt, die in 30 Minuten erfolgreiche Stressprävention versprechen. Doch wer von Ihnen kann in 30 Minuten über 80 Seiten konzentriert lesen? Da erlangt das Wort „Buch-Druck" eine ganz andere, Stress-verwandte Bedeutung.

Befindet sich ein Betroffener bereits tief in der Stress-Spirale, reicht ein Buch nicht mehr aus, um diesem Strudel aus eigener Kraft zu entkommen. Dann muss fachspezifische Hilfe durch einen Gesundheitscoach, Mediziner oder Psychologen in Anspruch genommen werden.

Auch im Internet gibt es tausende von Seiten mit hervorragendem Material zum Thema Stress und Burnout. Nicht nur das Berufsleben ist komplex; das Privatleben oft auch. Und wer von Ihnen hat Zeit, sich stundenlang, nein wochenlang mit diesem Thema zu beschäftigen?

Wo sollen Sie anfangen? Wo steht genau, was Sie über Stress und Burnout wissen wollen und das in einer lockeren Schreibweise, einfach und verständlich dargestellt?

Leider nirgends. Es sei denn, Sie lesen jetzt weiter.

In diesem Buch finden Sie viele Anregungen, mit Stress künftig selbst anders und vor allem humorvoll umzugehen. Es werden die persönlichen Stressfaktoren beschrieben und in Kategorien aufgeteilt. Sie werden sich mit Veränderungen und dem Ziel befassen, der Stress-Spirale vorzubeugen und eventuell auch zu entkommen und somit Ihre Lebensqualität zu steigern. Auf dem Weg dahin gibt es viele kleine Erfolge zu feiern. Tun Sie das mit Genuss. Verwandeln Sie Stress von einem Feind in einen Freund.

Diese 10 Ersthelfer sind ein Nachschlagewerk und sollten in keiner Aktentasche einer Führungskraft, eines jeden Managers und Mitarbeiters fehlen. Besonders Personal- und Finanzverantwortliche sollten dieses Buch lesen. Es zeigt Ihnen Alternativen auf, wie Sie die Fehlzeiten in Ihrem Unternehmen reduzieren und somit die Produktivität steigern und das zudem ohne große Investitionen. Sie wissen es ja bereits aus der Betriebswirtschaft. Eine Maschine, ja selbst Ihr Auto zu warten, ist kostengünstiger als eine Maschine zu reparieren. Der Körper des Menschen verhält sich ebenso.

Diese Ersthelfer können Sie jederzeit, während Ihres normalen Tagesablaufes, fragen, einbauen und üben, ohne zusätzlich Zeit zu investieren. Wichtig ist nur: Sie müssen es wollen und tun.

Stellen Sie sich vor: Sie kommen nach Ihren Ferien zurück ins Büro und nichts ist mehr wie vorher. Natürlich haben Sie Arbeit und das ist auch gut so. Nur werden Sie nach dem Lesen dieses Buches vieles in Ihrem Leben anders betrachten. Sie werden Ihre Aufgaben beruflich und privat mit einem Lächeln, mit Gelassenheit und innerer Ruhe erledigen.

Die Ersthelfer stehen für Sie bereit, natürlich mit Witz, Spaß und Humor, denn Lachen ist bekanntlich die beste Medizin.

▌ DAS ADRENALINZEITALTER ▌

Leben auf der Überholspur

Sie leben unter der Diktatur des Adrenalins. Sie suchen immer den neuen Kick und das nicht nur im beruflichen Umfeld. Selbst in der Freizeit, die Ihnen eigentlich Ruhephasen vom Alltagsstress bringen sollte, kommen Sie nicht zur Ruhe. Mehr als 41 Prozent aller Beschäftigten geben bereits heute an, sich in der Freizeit nicht mehr erholen zu können. Tendenz steigend. Wen wundert es?

Anstatt sich mit Power-Napping (Kurzschlaf) oder Extrem-Coaching (Gemütlichmachen) in der Freizeit Ruhe und Entspannung zu gönnen, macht die Gesellschaft vermehrt Extremsportarten wie Fallschirmspringen, Paragliding, Extremclimbing oder Marathon zu ihren Hobbys. Jugendliche ergeben sich dem Komasaufen, der Einnahme von verschiedensten Partydrogen oder verunstalten ihr Äußeres massiv durch Tattoos und Piercings. Sie hasten nicht nur mehr und mehr atemlos durchs Tempoland Freizeit, sondern auch durch das Geschäftsleben. Ständige Erreichbarkeit heißt die Lebens-Lösung, eine so genannte Blackberrymanie ist sogar regelrecht ausgebrochen. WhatsApp, Facebook, Twitter laufen der SMS den Rang ab. E-Mails und virtuelle Kommunikation über die halbe Weltkugel bestimmen das Leben. Wer heute seine E-Mails und tweets nicht überall online checken kann, ist out. Smartphones, Handys, Blackberries, PDAs und Laptops mit den unterschiedlichsten Kommunikationsmöglichkeiten machen dieses Turboleben mehr und mehr möglich und auch bezahlbar. Flatrates der Telekommunikationsanbieter begünstigen jeden dieser Adrenalin-Junkies.

Gerade letzte Woche habe ich einen von diesen handysüchtigen Möchtegern-Managern in einem Wellnesshotel getroffen. In der Sauna und natürlich mit Handtuch bekleidet – und mit dem neusten Smartphone von Samsung am Ohr. Es soll sogar Menschen geben, die den Laptop mit auf das stille Örtchen nehmen.

Mal ehrlich: Wenn es eine so genannte Führungskraft nicht schafft, ihr Smartphone für zwei Stunden abzuschalten, dann hat sie den Titel Manager nicht verdient. In meinen Reden, Seminaren und Coachings schicke ich diese Möchtegern-Manager wieder zurück auf die Schulbank. Sie haben das Handwerkszeug

Führung und Management nicht gelernt oder sind eventuell bei der Prüfung in diesem Thema durchgefallen.

Dazu fällt mir spontan ein älterer Werbeslogan eines Deutschen Telekommunikationsanbieters ein:

Sie: Musst du nun unbedingt deine E-Mails checken?

Er: Ja, warum?

Sie: Weil wir auf einem Skilift sind?

Klar, die Anforderungen im Beruf werden immer größer und komplexer. Die Zeit überholt uns, engt uns ein, bestimmt unseren Tagesablauf. Oft sind wir fremdbestimmt. Zu viel Arbeit steht an, ein Meeting jagt das nächste und ständig klingelt das Telefon. Multitasking ist angesagt und wir wollen so viele Tätigkeiten wie möglich gleichzeitig erledigen.

Schauen Sie sich doch mal in Ihren Meetings um. Wie viele Angestellte in Unternehmen beantworten in solchen Treffen gleichzeitig ihre E-Mails oder schreiben digitale Informationen? Kein Wunder, dass diese Mitarbeiter dann nur die Hälfte mitbekommen und Folgemeetings notwendig sind. Kein Wunder, dass das Leben einem dann davon rennt. Aber wie sagt schon ein altes chinesisches Sprichwort: „Zeit hat nur der, der sich auch Zeit nimmt". Zudem ist es unhöflich, seinem Gesprächspartner nur halb zuzuhören. Mangelnde Meetingdisziplin gilt in vielen Unternehmen immer noch als Kaveliersdelikt, besonders wenn es der Chef negativ vorlebt.

Das Gefühl, dass sich alles zum Besseren wendet, wird sich mit dieser Einstellung nicht einstellen. Im Gegenteil: Alles wird noch rasanter und flüchtiger. Müssen Sie dafür Ihre Grundbedürfnisse vergessen? Wurden Sie mit Stress oder Burnout geboren? Nein, sicherlich nicht. Warum müssen Sie sich dann den Stress antun?

Zum Glück gibt es dazu das Adrenalin. Das Superhormon, die Superdroge der High-Speed-Gesellschaft. Bei Chemikern und Biologen auch unter $C_9H_{13}NO_3$ bekannt.

Dank Adrenalin schuften Sie wie ein Hamster im Rad. Schneller und schneller und noch schneller. Sogar die Freizeit läuft nicht ohne Adrenalin. Ich kenne Familien, die haben permanenten Freizeitstress. Sie haben den Luxus beruflich gut situiert zu sein, haben keine finanziellen Schwierigkeiten. Also muss Freizeitstress her. Man verpflichtet sich in vielen Vereinen, nimmt Ehrenämter an, meldet die Kinder in vielen Vereinen und Lehrgängen an, gibt ihnen Nachhilfeunterricht. Und dieses nicht in unmittelbarer Umgebung, nein - es müssen ja die Besten sein und so fahren Mama oder Papa jeden Wochentag Sohnemann und Tochter zu den unmöglichsten Terminen kreuz und quer durch die Gegend. Jetzt haben die Eltern Stress, ja das Ziel ist erreicht. Nun können beide Mitreden, sie gehören dazu.

Es wundert also nicht, dass der Stress in den letzten Jahren dramatisch zugenommen hat und somit auch die Adrenalinausschüttung in Ihrem Körper. Die jagt nach Anerkennung, nach Dazugehören, treibt die Menschen immer weiter.

Schon komisch: Da produzieren Sie massenhaft Adrenalin und können dieses so schwer erarbeitete Produkt nicht verkaufen. Ja, nicht mal verschenken können Sie es. In welcher Gesellschaft leben Sie denn überhaupt, wenn Sie für ein produziertes Produkt keine Abnehmer finden?

Deshalb die Frage aus betriebswirtschaftlicher Sicht an alle Unternehmer, Führungskräfte und Selbstständigen:

Warum produziert Ihr ein Produkt, das Ihr nicht am Markt verkaufen könnt? Wärt Ihr meine Angestellten, würde ich Euch wegen Unproduktivität und Fehleinschätzung des Marktes feuern.

Daher auch mein Tipp an alle Personalverantwortliche und Führungskräfte:

Stellen Sie keine Adrenalinjunkies ein, es wird Sie viel Geld kosten. Haben Sie eine Ahnung, was Ihnen oder Ihrem Unternehmen für Kosten entstehen, die durch Stress verursacht werden? Vielleicht sollte Sie diese Frage einmal Ihrem Buchhalter stellen. Eine Antwort auf diese Frage werden Sie im nächsten Kapitel erhalten.

WARUM VERSCHENKEN SIE IHR KOSTBARES GELD?

Stress kostet Unternehmen und Privatpersonen viel Geld

Gemäß einer Studie der Europäischen Beobachtungsstelle für berufsbedingte Risiken (mit Sitz in Bilbao) vom 04.02.2008 leidet jeder vierte EU-Bürger unter arbeitsbedingtem Stress. Im Jahre 2005 seien 22 Prozent der europäischen Arbeitnehmer von Stress betroffen gewesen, ermittelte die Institution. Abgesehen vom menschlichen Leid bedeutet das auch, dass die wirtschaftliche Leistungsfähigkeit der Betroffenen in erheblichem Maße beeinträchtigt ist. Das kostet Unternehmen bares Geld. Schätzungen zufolge betrugen die Kosten, die der Wirtschaft in Verbindung mit arbeitsbedingtem Stress entstehen, 2002 in den damals noch 15 EU-Ländern 20 Milliarden Euro.

Bereits 2006 schätzte das betriebswirtschaftliche Institut der Fachhochschule Köln diese Zahl alleine in Deutschland auf 80 bis 100 Milliarden Euro. 2010 nannte das Hamburger Wirtschaftsinstitut eine Zahl von 256 Milliarden Euro, welche den Deutschen Unternehmen durch Stress- und Burnout verloren gehen. Damit könnten Sie sich ja ganz Griechenland leisten oder den Berliner Hauptstadtflughafen fertigstellen.

60 Prozent der Fehltage gehen inzwischen auf Stress zurück. Stress ist mittlerweile das zweithäufigste arbeitsbedingte Gesundheitsproblem. Nicht umsonst hat die Weltgesundheitsorganisation WHO Stress zur größten Gesundheitsgefahr im 21. Jahrhundert erklärt. Viele Verbände wie zum Beispiel das Burnout-Zentrum e.V., dem Fachverband für Stressreduzierung und Burnoutprävention oder der Deutsche Managerverband haben das Thema Stress und Burnout auch zu einem zentralen Thema ihrer Verbandsarbeit erklärt.

Was sind die Ursachen?

Die häufigsten Auslöser für den Stress sind der Studie zufolge unsichere Arbeitsverhältnisse, hoher Termindruck, unflexible und lange Arbeitszeiten, Mobbing und nicht zuletzt die Unvereinbarkeit von Beruf und Familie. Neue Technologien, Materialien und Arbeitsprozesse bringen der Studie zufolge ebenfalls Risiken mit sich.

Meist Arbeitnehmer, die sich nicht angemessen wertgeschätzt fühlen und auch oft unterfordert bzw. überfordert sind, leiden unter Dauerstress. Sie haben ein doppelt so hohes Risiko, an einem Herzinfarkt oder einer Depression zu erkranken. Anerkennung und die Perspektive, sich in einem sicheren Arbeitsverhältnis weiterentwickeln zu können, sind in diesem Umfeld viel wichtiger als nur eine angemessene Entlohnung. Diesen Wunsch vermisst man meist in öffentlichen Verwaltungen, in Behörden sowie Großkonzernen. Gewalt und Mobbing sind oft die Folge.

Gerade in Zeiten von Wirtschaftskrisen bauen Unternehmen und Verwaltungen immer mehr Personal ab. Hetze und Mehrarbeit aufgrund von Arbeitsverdichtung sind die Folge. Zieht die Wirtschaft wieder an, werden viele offene Stellen nicht mehr neu besetzt. Das Ergebnis: Viele Arbeitnehmer leisten massive Überstunden. 59 Prozent haben Angst um ihren Job oder ihre Position im Unternehmen, wenn sie diese Mehrarbeit nicht erbringen, so die Studie.

Weiter ist bekannt, dass Druck (also Stress) Gegendruck erzeugt. Druck und Mehrarbeit über einen langen Zeitraum führen somit zu einer Produktivitäts-Senkung. Gemäß einer Schätzung des Kölner Angstforschers Wilfried Panse leisten Mitarbeiter schon lange vor einem Zusammenbruch 20 bis 40 Prozent weniger als gesunde Mitarbeiter. Anders gesprochen:

Warum bezahlen Sie liebe Führungskraft einem Arbeitnehmer 5 Tage die Woche, wenn er nur 3 Tage leistet?

Wenn Vorgesetzte in diesen Zeiten zudem Ziele schwach oder ungenau formulieren und gleichzeitig Druck ausüben, erhöhen sich die stressbedingten Ausfallzeiten, die dann von den etwas stressresistenteren Mitarbeitern aufgefangen werden müssen. Eine Spirale, die sich immer tiefer in den Abgrund bewegt.

Im Gesundheitsbericht der Deutschen Angestellten Krankenkasse (DAK) steigt die Zahl der psychischen Erkrankungen massiv an und jeder zehnte Fehltag geht auf das Konto stressbedingter Krankheiten. Gemäß einer Studie des DGB bezweifeln 30 Prozent der Beschäftigten, ihr Rentenalter im Beruf zu erreichen. Frühverrentung ist die Folge. Eine weitere Umfrage des Bayrischen Rundfunks im Jahr 2011 ergab, dass im Jahr 2011 in Deutschland über 70.000 Arbeitnehmer auf Grund von Stress, Burnout und Depression frühverrentet wurden. Eine alarmierende Zahl. Haben Sie sich mal für Ihr Unternehmen gefragt, wie viel Geld Sie in Ihrem Unternehmen für durch Stress verursachte Ausfallzeiten bezahlen? Oder auf den einzelnen Menschen bezogen: Wie viel Geld zahlen Sie für Ihre Krankenversicherung und welche Gegenleistung bekommen Sie von der Krankenkasse dafür?

Grundsätzlich stellen sich auch ganz andere Fragen:

▶ Warum oder woran krankt unsere Krankenversicherung?
▶ Warum werden die Krankenkassenbeiträge höher und höher?

Eine vernünftige Erklärung, die ich als Nichtpolitiker auch noch verstehen könnte, konnte mir kein Gesundheitsminister bis heute nicht geben.

Vielleicht sollten die Krankenkassen verstärkt in die Vermeidung Stress verursachender Aufgaben und Tätigkeiten investieren anstatt Milliarden unüberlegt in die Behandlung von gestressten oder bereits von Burnout betroffenen Menschen zu stecken. In meiner Managerausbildung lernte ich bereits vor 20 Jahren: „Du musst das Problem an der Wurzel anpacken". Vorbeugen ist immer noch besser als reparieren.

Beispiel 1:

Bereits 2005 erhielt die London Underground den Unum Provident Healthy Workplaces Award (frei übersetzt den Unternehmens-Gesundheitsschutz-Präventionspreis) der britischen Regierung.

Alle 13.000 Mitarbeiter der London Underground wurden ab 2003 einem Stress-Regulierungsprogramm unterzogen. Die Organisation wurde angepasst, die Vorgesetzen auf Früherkennung und Stress reduzierende Arbeitstechniken ausgebildet und alle Mitarbeiter wurden über die Gefahren von Stress und Burnout aufgeklärt. Das Ergebnis war verblüffend.

Die Ausgaben bedingt durch Fehlzeiten der Arbeitnehmer reduzierten sich um 455.000 Britische Pfund, was einem Return on Invest von 1:8 entspricht. Mit anderen Worten: Für jedes eingesetzte Britische Pfund fließen acht (8) Pfund wieder zurück ins Unternehmen.

Eine erhöhte Produktivität des einzelnen Mitarbeiters war die Folge. Ebenso verbesserte sich die gesamte Firmenkultur. Die Mitarbeiter erlebten einen positiven Wechsel in Gesundheit und Lifestyle.

Beispiel 2:

Eine Studie des Europressedienstes in Zusammenarbeit mit der European Business School im Jahr 2006, an der sich 200 Unternehmen (inkl. 22 Dax-30-Unternehmen) beteiligt haben, belegt, dass sich der Return on Investment (ROI) ihrer Maßnahmen zur Gesundheitsprävention auf 1:5 beziffert.

Auch hier: Für jeden eingesetzten Euro fließen 5 Euro wieder zurück ins Unternehmen! Als besonders wirksam wurden insbesondere Schulungsmaßnahmen für Führungskräfte bewertet.

Beispiel 3:

Die National Suisse, eine der größten Versicherungen weltweit, führte im Jahr 2010 eine Pilotstudie bei extrem stressgefährdeten Führungskräften und Mitarbeiter durch. Sie schufen ein angenehme Arbeitsatmosphäre, auch nach ergonomischen Gesichtspunkten und entwickelten diese Mitarbeiter weiter, ihr Gesundheitsbewusstsein stets zu trainieren und anzuwenden. Heißt, Einhaltung von Pausen und Ruhezeiten, gesunde Ernährung und ausreichende Bewegung. Nach einem Jahr überraschte die National Suisse mit den Zahlen. Man sprach von einer Million Schweizer Franken, die das Unternehmen durch diese kleine Präventionsmaßnahme eingespart hat.

Gesundheit steckt Mitarbeiter an:

Wenn Manager und Chefs gesund sind, sind es auch die Mitarbeiter. Dieses Fazit lässt sich aus der aktuellen „Top-Job"-Trendstudie ziehen, die die compamedia GmbH in Überlingen am Bodensee durchgeführt hat. Die Ergebnisse beruhen auf einen Arbeitgeber Benchmark in 96 mittelständischen Unternehmen, in dessen Rahmen mehr als 15.000 Mitarbeiter und mehr als 250 Geschäftsleitungsmitglieder befragt wurden. Es konnte ein positiver Zusammenhang zwischen der Gesundheit der Führungskräfte und ihrer Mitarbeiter ermittelt werden: nimmt die Führungskraft wirklich die Auszeit und kuriert eine Krankheit

aus, so tun es auch die Mitarbeiter. Vorteil: die Gesamtproduk-
tivität steigt. Warum? Erstens ist der Mitarbeiter nicht zur Prä-
senz verpflichtet, zweitens fördert es das Pflichtbewusstsein
und drittens steckt dieser Mitarbeiter die anderen Kollegen
nicht an.

Folglich könnte das Top-Management in Unternehmen durch
gesundheitsbewusstes Verhalten eine gesunde Performance-
Kultur anstoßen, fördern und festigen. Der Untersuchung zufolge steigerte sich die psychische Gesundheit der Mitarbeiter,
wenn Vorgesetzte ein gesundheitsbewusstes Arbeitsverhalten
an den Tage legen. Also, liebe Vorgesetzte, lebt es vor!

Wann hören Sie auf, Geld aus dem Fenster zu werfen?

Unternehmer, Führungskräfte, Personalverantwortliche und Selbstständige müssen sich deshalb immer wieder die Frage stellen, wie negativer Stress im Unternehmen verhindert oder gemindert werden kann um Kosten zu sparen und um somit die Produktivität und Effektivität zu steigern. Doch anstatt in Stresspräventionstrainings zu investieren, stehen landläufig weiterhin die Verkaufs- und Kommunikationsfähigkeiten des Personals im Fokus. Dabei zahlt sich, wie diese Beispiele beweisen, Stressprävention schnell und nachhaltig aus:

Michael Kastner, Leiter des Instituts für Arbeitspsychologie und Arbeitsmedizin in Herdecke, beziffert die Rentabilität:

> „Eine Investition von 1,- Euro in eine moderne Gesundheitsförderung zahlt sich nach drei Jahren mit mindestens 1,8 Euro aus".

ÜBERLASTET ODER GAR SCHON GESTRESST?

Modewort Stress ...

Der Satz „Ich bin im Stress" ist anscheinend zum Status-symbol geworden, denn wer so viel zu tun hat, dass er gestresst ist, scheint eine gefragte und wichtige Persönlichkeit zu sein. Stars, Manager, Politiker gehen hier mit schlechtem Beispiel voran und brüsten sich in der Öffentlichkeit damit „gestresst zu sein". Stress scheint daher beliebt zu sein und ist immer eine willkommene Ausrede.

Es gehört zum guten Ton keine Zeit zu haben, sonst könn-te ja Ihr Gegenüber meinen, Sie täten nichts, seien faul, haben wahrscheinlich keine Arbeit oder seien ein Versager. Überprü-fen Sie mal bei sich selbst oder in Ihrem unmittelbaren Freun-deskreis die Wortwahl: Die Mutter hat Stress mit ihrer Tochter, die Nachbarn haben Stress wegen der neuen Garage, der Vater hat Stress, weil er die Winterreifen wechseln muss, der Arbeits-weg ist stressig, weil so viel Verkehr ist, der Sohn kann nicht zum Sport, weil die Hausaufgaben ihn stressen, der neue Hund stresst, weil die Tochter, für die der Hund bestimmt war, Stress mit ihrer besten Freundin hat – und dadurch keine Zeit.

Ich bin gespannt, wie viele banale Erlebnisse Sie in Ihrer Fa-milie und in Ihrem Freundeskreis entdecken. Gewöhnen sich der Körper und Geist an diese Bagatellen, besteht die Gefahr, dass wirkliche Stress- und Burnout-Signale nicht mehr erkannt werden. Die Gefahr, in die Stress-Spirale zu geraten, steigt. Eine Studie des Schweizer Staatssekretariats für Wirtschaft aus dem Jahr 2000 untermauerte dies bereits damit, dass sich 82 Prozent der Befragten gestresst fühlen, aber 70 Prozent Ih-ren Stress im Griff haben. Entschuldigen Sie meine provokante Aussage: Dann haben Sie keinen Stress.

Überlastung ...

Es gibt viele Situationen von Überlastung. In der Medizin, Technik, Psyche, Sport, etc. hören und sehen wir jeden Tag Überlastungen. Es kann ein Boot sein, welches zu schwer beladen ist. Ebenso aber auch, dass jemand im Moment zu viel Arbeit, zu viele Aufgaben, zu viele Sorgen hat oder dass ein System oder ein Organ zu sehr beansprucht ist und nicht mehr richtig funktioniert. Beispiel kann das Internet, das Stromnetz oder das Telefonnetz sein, aber auch der Kreislauf oder das Herz.

Die Fachliteratur drückt es als „momentan über dem Limit" oder „kurzzeitig mehr als erlaubt" aus. Wichtig ist hier das Wörtchen „momentan". Jeder von uns Menschen ist so gebaut, dass er kurzzeitig über seine Grenzen hinausgehen kann. Jeder von Ihnen kennt das Gefühl etwas Besonders geleistet zu haben. Sie fühlen sich wohl dabei und sind meist hinterher stolz auf das Geleistete. Sehen Sie Licht am Horizont und sind Sie sich bewusst, welche Tätigkeit Sie ausführen und zudem, wie lange Sie an einer Aufgabe zu arbeiten haben, dann spricht die Stressforschung von Überlastung und nicht von Stress. Also dann, wenn der Vorgang, die Tätigkeit oder die Aufgabe für Sie absehbar und kalkulierbar ist. Dieser Vorgang ist aber von Mensch zu Mensch unterschiedlich.

Zum Beispiel fühlt sich ein Marathonläufer nach 20 km überhaupt nicht überlastet, aber der übergewichtige Mensch, der Schwierigkeiten hat, zwei Stockwerke hochzusteigen, mit Sicherheit. Für ihn ist es keine Überlastung mehr, für ihn ist es Stress.

Stress ...

Es gibt unzählige Definitionen von Stress und leider ist eine Eindeutigkeit oder eine Norm bis heute nicht gegeben. Stress ist individuell, unberechenbar, nicht greifbar. Es gibt kein All-heilmittel dagegen, da jeder Mensch Stress anders empfindet und somit auch die Vorbeuge- und Behandlungsmaßnahmen unterschiedlich sind.

Die Verwaltungsberufsgenossenschaft hat diesbezüglich auch eine eigene mathematische Formel aufgestellt.

$$\text{Stress} = \frac{\text{Intensität / Dauer x Anforderung}}{\text{Eigene Möglichkeiten + Unterstützung + ext. Hilfe + XYZ}}$$

Diese einfache Rechenformel zeigt, je mehr eigene Möglichkeiten Sie haben, je mehr Unterstützung Sie intern und extern bekommen und je mehr Faktoren Sie zur Stressbewältigung unter dem Bruchstrich einsetzen, desto geringer ist Ihr Stressfaktor.

Weiter gelten nachfolgende fünf Definitionen bezüglich Stress als richtungsweisend:

„Stress ist ein Zustand der Alarmbereitschaft des Organismus, der sich auf eine erhöhte Leistungsbereitschaft einstellt."

[Hans Seyle, 1936; ein ungarisch-kanadischer Zoologe, gilt als der Vater der Stressforschung]

„Stress ist eine Belastung, Störung und Gefährdung des Organismus, die bei zu hoher Intensität eine Überforderung der psychischen und/oder physischen Anpassungskapazität zur Folge hat."

[Fredrik Fester, 1976]

„Stress gibt es nur, wenn Sie ‚Ja' sagen und ‚Nein' meinen."

[Reinhard Sprenger, 2000)]

*„Stress wird verursacht, wenn du ‚hier' bist,
aber ‚dort' sein willst, wenn du in der Gegenwart bist,
aber in der Zukunft sein willst".*

[Eckhard Tolle, 2002]

*„Stress ist heute die allgemeine Bezeichnung
für körperliche und seelische Reaktionen
auf äußere oder innere Reize,
die wir Menschen als anregend oder belastend empfinden.
Stress ist das Bestreben des Körpers, nach einem irritierenden Reiz
so schnell wie möglich wieder ins Gleichgewicht zu kommen".*

[Schweizer Institut für Stressforschung, 2005]

Bei allen fünf Definitionen gilt es zu unterscheiden zwischen negativem Stress – ausgelöst durch im Geiste unmöglich zu lösende Situationen – und positivem Stress, welcher in Situationen entsteht, die subjektiv als lösbar wahrgenommen werden. Sobald Sie begreifen, dass Sie selbst über das Empfinden von freudvollem Stress (Eu-Stress) und leidvollem Stress (Distress) entscheiden, haben Sie Handlungsspielraum.

Beim positiven Stress wird eine schwierige Situation als positive Herausforderung gesehen, die es zu bewältigen gilt und die Sie sogar genießen können. Beim positiven Stress sind Sie hoch motiviert und konzentriert. Stress ist hier die Triebkraft zum Erfolg.

Beim negativen Stress befinden Sie sich in einer schwierigen Situation, die Sie noch mehr als völlig überfordert. Sie fühlen sich der Situation ausgeliefert, sind hilflos und es werden keine Handlungsmöglichkeiten oder Wege aus der Situation gesehen. Langfristig macht dieser negative Stress krank und endet oft im Burnout.

Freizeitstress

Wenn wir schon versuchen Stress zu definieren, dann darf der Freizeitstress nicht fehlen. Der Freizeitstress ist wahrscheinlich der Stress, den wir am einfachsten beeinflussen und beseitigen können. Wenn wir nur wollen. Nur wollen wir oder ist es nicht einfach chic, in der Freizeit gestresst zu sein? Was sollen denn unsere Freunde oder Bekannten sagen, wenn wir auf einmal keinen Freizeitstress, sondern Zeit haben?

Zeit zu haben gilt in vielen Begegnungen und Gesprächen als negativ. „Der hat Zeit, wahrscheinlich hat er einen einfachen oder leichten Job, wenn überhaupt", so die Meinung vielen meiner Freunde und Bekannte. Dass man aber seine Zeit einfach sinnvoller und effektiver plant, fällt dabei nicht ins Gewicht. Zeit zu haben ist heute in der Gesellschaft einfach uncool. Sobald etwas Freizeit vorhanden ist, wird diese „freie Zeit" mit Zeit intensiven Tätigkeiten ausgefüllt. So reicht es nicht nur, ein oder zweimal in der Woche neben der Arbeitszeit zusätzlich zum Sport zu gehen, dann müssen noch Afterwork-Party, Museumsbesuche, Verabredungen mit Freunden, Vorstandsämter in Vereinen und vieles mehr hinzu. Bis schlussendlich jeder Abend, selbst die Wochenenden verplant sind. Hat man dann noch Kinder, ist der Freizeitstress perfekt. Man(n) ist wichtig.

Das Kind muss während des Gymnasiums noch in die Fördergruppe beim Sport, denn es ist ja talentiert, da das aber nicht reicht, kommt noch Musikunterricht hinzu. Die Eltern wollen ja stolz auf ihr Kind sein. Und wenn das Kind, vor lauter Sportstress und Musikstunden in der Schule mit den Leistungen nachlässt, dann gibt's Nachhilfe. Am besten aber so geschickt versteckt, dass niemand etwas merkt. Dieses Phänomen erlebe ich leider in vielen meiner Coachings über Stressregulierung und interessanterweise von Klienten, die nicht mit sich selbst zufrieden und erfolgreich sind. Das Kind muss das Scheitern der Eltern kompensieren. Die Eltern helfen dabei kräftig mit und ja, der Apfel fällt nicht weit vom Stamm.

Darum möchte ich nichts von Freizeitstress hören, dieser ist zu 100% selbst verursacht. Menschen, die über Freizeitstress klagen, werden von mir nicht im Geringsten bemitleidet.

Burnout

Es gibt keine Zeitschrift oder keine Redaktion, die dieses Thema in den letzten 3 Jahren nicht auf dem Schirm hatte. Glaubt man allen diesen Berichten, dürfte es in Deutschland keine psychisch gesunden Menschen mehr geben. War früher der Herzinfarkt das Maß für überragende Managerleistung, ist es heute der Burnout. Es geht ja fast schon zum guten Ton, einen Burnout gehabt zu haben. Burnout ist gleich Anerkennung, da hat man(n)/frau ja was geleistet. Ich warte auf den Moment, wenn bei Einstellungsgesprächen die Personalchefs sagen: „Tut mir leid, aber wir können Sie leider nicht einstellen. Sie hatten ja noch keinen Burnout und wahrscheinlich haben Sie daher noch nichts geleistet."

Eigentlich tritt aber Burnout als letzte Stufe des negativen Stresses auf. Nun hilft keine Medizin und Prävention mehr; jetzt muss eine langfristige Auszeit unter professioneller Begleitung her. Ohne fremde Hilfe können Sie der Burnout-Spirale nicht entkommen. Die Wiedereingliederung eines Burnout-Klienten zurück in die Arbeitswelt ist sehr aufwendig. Meist gelingt das erst nach einem Jahr Auszeit, oft auch gar nicht.

Nach einer Studie der Freiburger Unternehmensgruppe Saaman aus dem Jahr 2007 haben 45 Prozent von 10.000 befragten Managern Burnout-Symptome.

Das kostet ein Unternehmen einerseits WERTE in vielfacher Hinsicht, verursacht aber auf der anderen Seite auch erhebliche betriebliche Kosten. Was es den betroffenen Menschen kostet, lässt sich kaum in Worte fassen. Die Betroffenen isolieren sich nicht nur von ihren Vorgesetzten und Arbeitskollegen, sondern auch von ihrem sozialen Umfeld. Alles wächst ihnen über den Kopf, selbst ihre Freunde. Wo bleiben da die persönlichen Werte?

Christina Maslach, die wahrscheinlich weltweit führende Burnout-Forscherin, sagte wörtlich:

> *„Die Gesellschaft sollte sich vor allem auf die Prävention konzentrieren und sich nicht erst mit dem Phänomen beschäftigen, wenn es bereits seine Opfer gefunden hat.*
>
> *Die Sabbatical- und Auszeitkultur ist nur beschränkt eine gute Präventionsstrategie. Denn wenn man zurückkehrt und die Arbeitsbedingungen, die einen ins Burnout getrieben haben, unverändert vorfindet, ist man wieder auf demselben Punkt wie vor dem Sabbatical bzw. der Auszeit."*

Die gebräuchlichste Definition von Burnout stammt von Maslach & Jackson aus dem Jahr 1986:

> *„Burnout ist ein Syndrom der emotionalen Erschöpfung, der Depersonalisation und der reduzierten persönlichen Leistung, das bei Individuen auftreten kann, die auf irgendeine Art mit Leuten arbeiten oder von Leuten beeinflusst werden".*

Burnout entsteht nicht in Tagen oder Wochen. Burnout entwickelt sich über Monate bis hin zu mehreren Jahren. Dieses stufenweise und fortlaufend mit physischen, emotionalen und mentalen Erschöpfung. Dabei kann es immer wieder zu zwischenzeitlicher Besserung und Erholung kommen. Der fließende Übergang von der normalen Erschöpfung über den Stress zu den ersten Stadien des Burnouts wird oft nicht erkannt, sondern als „normale" Entwicklung akzeptiert. Reagiert der Betroffene in diesem Zustand nicht auf die Signale, die sein Körper ihm permanent mitteilt und ändert der Klient seine inneren oder äußeren Einfluss- und Stressfaktoren nicht, besteht die Gefahr einer sehr ernsten Erkrankung. Diese Signale können dauerhafte Niedergeschlagenheit, Ermüdung, Lustlosigkeit aber auch Verspannungen und Kopfschmerzen sein.

Es kommt zu einer kreisförmigen, gegenseitigen Verstärkung der einzelnen Komponenten. Unterschiedliche Forschergruppen haben auf der Grundlage von Beobachtungen den Verlauf in typische Stufen unterteilt. Wollen Sie sich das alles antun? Spätestens ab Stadium 8 benötigen Sie dann fachmännische therapeutische Hilfe.

Leider ist Burnout in den meisten Firmen ein Tabuthema – die Dunkelziffer ist groß. Betroffene Arbeitnehmer und Führungskräfte schieben oft andere Begründungen für ihren Ausfall vor – aus Angst vor negativen Folgen, wie zum Beispiel den Verlust des Arbeitsplatzes. Dieses geht gleichzeitig mit Verlust von Anerkennung gleich. Es muss ein Umdenken stattfinden!

Wen kann es treffen? Theoretisch sind alle Menschen gefährdet, die permanent leisten und nicht auf die Signale des Körpers achten. Vorwiegend trifft es einsatzbereite und engagierte Mitarbeiter, Führungskräfte und Selbstständige. Oft werden diese auch von Vorgesetzten geschätzt, von Kollegen bewundert, vielleicht auch beneidet.

Solchen Menschen sagen auch nie „nein", deshalb wachsen die Aufgaben und es stapeln sich die Arbeiten. Dazu kommt oft, dass sich Partner, Freunde und Kinder über zu wenig Zeit und Aufmerksamkeit beklagen. Wie Sie „Nein sagen" erlernen erfahren Sie später in diesem Buch.

Aus eigener Erfahrung kann ich sagen, dass der Weg zum Burnout anfänglich mit kleinsten Hinweisen gepflastert ist, kaum merkbar, unauffällig, vernachlässigbar. Es bedarf einer hohen Achtsamkeit, um diese Signale des Körpers und der realisierenden Umwelt zu erkennen. Kleinigkeiten werden vergessen und vereinbarte Termine werden immer weniger eingehalten. Hobbys und Sport werden wie bei mir geschehen erheblich vernachlässigt.

Auch mein Körper meldet sich Ende der neunziger Jahre mit leisen Botschaften: Schweißausbrüche, Herzrhythmusstörungen, schwerfällige Atmung und unruhiger Schlaf waren die Symptome, die anfänglich nicht von mir beachtet wurden.

Selbst in einer zweiten Phase wurden diese Botschaften einfach schlichtweg ignoriert und auf die Seite geschoben. Ich habe stets immer neue Ausreden gesucht und auch über Jahre immer wieder neue Ausreden gefunden.

Im weiteren Verlauf tritt dann Angst vor Versagen auf, auch das wird als „normal" eingestuft, obwohl ich dies bis anhin nie kannte. Es ist ein komisches Gefühl, wenn man jahrelang auf dem aufsteigenden Weg unterwegs war und auf einmal steht man vor einem Abgrund. Eine unendliche Tiefe und Leere tut sich vor einem auf.

Das ersehnte Wochenende oder gar der wohlverdiente Urlaub zum Ausruhen wird immer wieder verschoben. Man arbeitet noch mehr, noch länger denn man realisiert ja nicht, dass die eigene Arbeitsleistung ja bereits zwischen 20 und 40 Prozent gesunken ist. Dabei ist es gerade in solchen Zeiten wichtig, sich eine Auszeit in Form von Urlaub zu nehmen.

Meine Partnerin machte mich mehrmals auf den Sachverhalt Burnout aufmerksam, aber ich wollte ja nicht auf Sie hören. Nach jedem gelösten Problem, jedem beendeten Projekt stand ja schon das nächste an.

Die Fehler häuften sich, die Auseinandersetzungen mit den Kollegen, Vorgesetzte und mit meiner Partnerin nahmen zu. Bis zum Kollaps und dann verliert man alles, was man lieb gewonnen hat. Die Arbeit, die Freunde und sogar die Partnerschaft. Man ist alleine.

WAS MACHT STRESS MIT UNSEREM KÖRPER?

Stellen Sie sich folgende Situation vor:

Es ist ein schöner Tag. Sie sind auf einer Tour samt Führer im südafrikanischen Busch unterwegs, um die Tier- und Pflanzenwelt zu genießen. Die Sonne geht gerade blutrot am Horizont auf, der Nebel hängt tief im Dschungel und zieht wie von Künstlerhand gezogen traumhafte helle Linien durch das saftige Grün. Ein bezauberndes, tolles, farbenfrohes Ereignis. Sie bleiben stehen und fotografieren.

Überall um Sie herum zwitschern Vögel. Sie genießen den Augenblick und atmen tief durch. Das Foto ist gemacht, Sie drehen sich um und oh Schreck, der Führer ist weg! Sie rufen, aber keine Antwort. Langsam erkennen Sie: Sie haben sich auf der Safari verlaufen, tief im südafrikanischen Busch. Weit und breit kein Helfer in Sicht. Kein Handy, das funktioniert.

Plötzlich sehen Sie aus Ihren Augenwinkeln rechts eine Schlange.

Eine Alarmsituation tritt ein. Das Gehirn signalisiert Gefahr. Was tun? Stehenbleiben? Tot stellen? Oder weglaufen? Die Widerstandsphase beginnt. Der Hypothalamus, so eine Art Nachrichtenagentur in unserem Gehirn, steuert automatisch die Vorgänge im Körper und steht in enger Verbindung zum limbischen System. Das limbische System ist eine Funktionseinheit im Gehirn, die für die Verarbeitung von Emotionen und des Triebverhaltens zuständig ist. Bekannt auch unter dem Spitznamen „Reptiliengehirn", weil es die Grundlebensfunktionen Atmen, Hunger, Durst und Fortpflanzung steuert.

Automatisch wird eine Flut von Stresshormonen freigesetzt. Adrenalin und Noradrenalin mobilisieren blitzschnell Energie. Die Nebennierenrinde produziert das Stresshormon Cortisol. Das Herz rast, Ihr Körper schwitzt und das Blut schießt in Ihre Muskeln und in Ihr Gehirn. Sie drehen sich automatisch um und beginnen zu rennen. Nach einiger Zeit tritt die Erschöpfungsphase ein. Gerade in diesem Moment kommt Ihr Führer und verscheucht die Schlange mit einem Stock. Glück gehabt! Sie bleiben stehen, beugen sich vor und holen erst mal wieder tief Luft. Geschafft! Die Anspannung löst sich, der Stress ist vorbei und die Erholungsphase tritt ein.

Stress, egal ob positiv oder negativ, ist eine ganz normale körperliche Reaktion auf eine Herausforderung, die wahrgenommen werden muss. Alle Sinnesorgane werden auf die Wahrnehmung weiterer Gefahrensituationen eingestellt. Stress beginnt also bei den Sinnesorganen. Diese Boten nehmen die Eindrücke auf, übermitteln sie an das limbische System (Reptiliengehirn) zur Weiterleitung ans Gehirn, wo sie dann verarbeitet werden.

Bei Stress wird demnach der gesamte Körper einbezogen. Die Blutgefäße in Haut, Skelettmuskeln und Gehirn ziehen sich zusammen und die Gerinnungsfähigkeit des Blutes nimmt zu, die Durchblutung der Haut und der Verdauungsorgane wird gedrosselt, um den Körper bei Verletzungen vorm Verbluten zu schützen.

Haben Sie sich schon mal überlegt, warum Sie nach einem Messerschnitt in der Küche erst anfangen zu bluten und die Schmerzen erst beginnen, nachdem Sie den Schnitt gesehen haben? Die Pupillen erweitern und entspannen sich, um Weitsicht zu ermöglichen. Sie nehmen in diesem Moment mehr wahr. Erhöhtes Schwitzen tritt auf und die Bronchien erweitern sich. Das Herz schlägt schneller, die Herzrate steigert die Stärke der Kontraktion.

Es entsteht Gänsehaut und die Hautspannung steigt. Der Verdauungstrakt verringert die Muskeltätigkeit, die Nieren stimulieren die Adrenalinabgabe und erhöhen Blutzucker, Blutdruck und Herzrate. Die Leber schüttet Zucker in die Blutbahnen. Die Bauchspeicheldrüse sondert weniger Sekret ab und die Abgabe von Verdauungssäften nimmt ab. Der anale und der urinale Schließmuskel machen zu, die Blase entspannt sich.

Die Blutgefäße der äußeren Genitalien erweitern sich und die Muskulatur wird mit mehr Zucker versorgt. Die Muskeln spannen sich an und das Nervensystem wird in Unruhe versetzt.

Dieser gesamte Ablauf führt zu einer seelisch-körperlichen Reaktion, die das Ziel hat, die Herausforderung und Bedrohung zu meistern und zu bewältigen. Diese körperliche Reaktion auf Stress ist also sinnvoll.

Wenn aber der Mensch in ständiger Alarmbereitschaft steht und eine Entspannung oder Regeneration seiner psychischen Kräfte nicht möglich ist, wird der Stress zum Di-Stress und hat negative, Krankheit auslösende Wirkungen. Vergleichen Sie es mit dem Autofahren. Auch dort gibt es Gaspedal und Bremse. Um vorwärts zu kommen, können Sie nicht nur Gas geben. Sie werden auch mit dem Auto ab und zu bremsen müssen. Und genauso ist es mit dem positivem und negativem Stress, eben Gas geben und Bremsen.

Evolutionär gesehen sollte der Stresszustand nur für wenige Stunden als eine Art „Lebensversicherung" gelten und nicht für chronische, also lang andauernde Belastungen. Ist das aber der Fall, kann es zu körperlichen Stressreaktionen kommen, die die Gesundheit gefährden und zu Gesundheitsproblemen wie im nächsten Kapitel beschrieben führen.

DURCH STRESS VERURSACHTE ERKRANKUNGEN

Nach vollbrachter Hochleistung wünscht sich der Organismus wieder zurück in die Normalität und versucht, mit Hilfe von Hormonen und weiteren Botenstoffen seinen Stoffwechsel dem Auf und Ab einer sich ständig ändernden Umwelt anzupassen.

Der Preis ist ein verzögerter Abbau der Stressreaktion, weil die damit verbundenen chronisch erhöhten Cortisolwerte verhindern, dass sich die Stressreaktion abbauen kann.

Was passiert, wenn sich die Stresshormone nicht reduzieren, wenn Sie sich nicht entspannen und der negative Stress über weite Strecken anhält?

Unser liebstes Spielzeug

Ich möchte dies wiederholt an einem Beispiel des beliebtesten Spielzeugs der europäischen Männer erklären: natürlich am Auto. Egal, ob wir nun eine deutsche Nobelmarke, ein französisches Knautschzonenwunder, einen italienischen Boliden oder einen asiatischen Importwagen nehmen. Alle Autos haben gewisse Normen, wie Leistung, Hubraum, PS oder auch das zulässige Gesamtgewicht.

Bleiben wir beim zulässigen Gesamtgewicht. Ein guter Freund bittet Sie nun, ihm bei seinem Umzug zu helfen, da Sie ja einen schönen Kombi haben und man diesen Van dann auch wunderbar bepacken kann. Was Sie aber selten haben, ist eine Waage um festzustellen, wann das zulässige Gesamtgewicht des Fahrzeugs erreicht ist.

Das Fahrzeug wird in der Regel überladen, da jedes freie Plätzchen im Auto beladen wird. Beim Losfahren merken Sie, dass der Wagen sich etwas schwerer lenkt, die Federung jedes Schlagloch mitnimmt und der Bremsweg verlängert ist.

Bleibt es bei dem einmaligen Umzug, dann wird der Wagen sicherlich keine Schäden davontragen. Werden Sie aber alle 52 Wochen im Jahr von Ihren Freunden zum Umzug eingeladen, und Sie haben viele gute Freunde, bin ich mir nicht sicher, ob Ihr Fahrzeug bei ständiger Überschreitung des zulässigen Gesamtgewichtes keinen Schaden nimmt. Auch gibt es bis heute keine Studie darüber, was an Ihrem Fahrzeug als erstes kaputt geht: Sind es die Bremsen, die Federungen, das Fahrgestell, die Reifen, die Kupplung oder gar die Karosserie?

Nehmen wir nun an, dass die Bremsen versagen. Der Bremsweg verlängert sich und Sie kommen nicht mehr rechtzeitig zum Stehen; fahren einen Fußgänger an; aus Angst betreiben Sie Fahrerflucht. Sie werden erwischt, werden verurteilt und kommen ins Gefängnis.

Genauso wie die Bremsen des Beispiel-Fahrzeugs verhält sich auch Ihr Körper. Sie wissen nicht, welcher Körperteil zuerst betroffen wird und welche Krankheitssymptome sich nach und nach ergeben, welche Folgeerscheinungen und Krankheiten eintreten. Die sind von Mensch zu Mensch verschieden und wie beim Fahrzeug fallen dann auch die Reparaturen und Kosten unterschiedlich aus.

Bei einer Recherche im Internet habe ich mindestens 100 Tabellen über die häufigsten durch negativen Stress verursachten Krankheiten gefunden.

Interessant ist, dass Mediziner, Psychologen, Berufsgenossenschaften und Arbeitgebervertretungen diese Krankheiten unterschiedlich bewerten und darstellen.

Sicher jedoch ist, um bei dem Beispiel des überladenen Fahrzeuges zu bleiben, dass durch negativen Stress erhebliche Schäden am Organismus entstehen. Welche Körperteile oder Organe betroffen werden, kann man von vornherein nicht sagen.

Stellvertretend möchte ich eine Studie des Wirtschaftsbundes Steiermark aus dem Jahr 2007 zitieren, welche in einer Pressekonferenz zum Thema „Stressless für Unternehmen" folgende Top-10-Reihenfolge nannte:

▶ 69,7 % Verspannungen
▶ 43,8 % nervöse Unruhezustände
▶ 41,5 % Durchschlafstörungen
▶ 38,9 % Erschöpfungszustände
▶ 34,3 % häufige Stimmungsschwankungen
▶ 34,2 % häufige Gereiztheit
▶ 33,6 % Haltungsschäden
▶ 31,2 % Beschwerden wie Tinnitus oder Schweißausbrüche
▶ 30,1 % Störungen im Magen- und Darmtrakt
▶ 28,3 % Depressionen

Zusammenfassend kann man feststellen, dass der ganze menschliche Organismus betroffen ist. Angefangen von Gehirn und Psyche über den Bewegungsapparat und das Immunsystem, weiter zum Magen- und Darmtrakt bis hin zum Herz- und Kreislaufsystem.

Aber keine Angst: Nicht jeder Mensch wird durch zu viel negativem Stress krank. Stress ist individuell und zeigt sich auch individuell. Oft sind die Beschwerden auch fließend oder können im Zusammenhang auftreten.

Wichtig jedoch ist: Die Krankheit kommt leise und schleichend und wird erst wahrgenommen, wenn es meist schon zu spät ist.

Viele Menschen ignorieren die ersten Warnsignale des Körpers wie Lustlosigkeit, Kopfschmerzen, Schlafprobleme oder Erschöpfung. Sie nehmen die Überlastung erst wahr, wenn sie wegen eines Bandscheibenvorfalls oder einer Depression den Arzt aufsuchen.

Carola Kleinschmidt und Hans-Peter Unger beschreiben dieses Verschleppen in ihrem Buch „Bevor der Job krank macht" sehr intensiv. Wer die ersten Anzeichen wie Schlafstörungen oder Schmerzen ignoriert, läuft Gefahr, in eine Erschöpfungsspirale zu geraten. Für mich ist dieses Buch eine der besten Recherchen zum Thema Burnout und Depression.

▌ STRESSOREN ▌

Als Stressoren, zu Deutsch Stressfaktoren, werden alle inneren und äußeren Reizereignisse bezeichnet, die eine adaptive (also angepasste) Reaktion erfordern. Der Organismus interpretiert die auf ihn einwirkenden Reize und ihre Auswirkungen für die jeweilige Situation und bewertet sie positiv oder negativ. Stressoren sind Personen, Ereignisse, Situationen, Umweltreize, die entsprechend der eigenen Bewertung Stress erzeugen.

Techno-Musik ist für ihre Fans kein Stress, sondern Entspannung. Wenn ein Volksmusikliebhaber, aus welchen Gründen auch immer, sich dieser Musik aussetzen muss, wird es ihn sicher stressen.

Stressoren sind immer Veränderungen, sei es der Lebenssituation, der Umwelt, der Arbeit oder der inneren Charakterstruktur. Die eigene Bewertung und die subjektive Wahrnehmung entscheiden darüber, wie belastend ein Stressor, eine Veränderung auf Sie einwirkt.

Die Dinge an sich sind kaum je gut oder schlecht; erst unser Denken lässt sie so werden!

Fast 80 Prozent der deutschen Firmen wissen nicht einmal, wo in ihrem Unternehmen die Stressfaktoren sitzen, so eine Umfrage des Wirtschafts- und Sozialwissenschaftlichen Instituts der Hans-Böckler-Stiftung unter 2.200 Betrieben im Jahr 2004.

Für Arbeitnehmer, Arbeitgeber und Privatpersonen ist es oft schwer, alleine gegen die Ursache zu kämpfen. Meist sind ihnen die Ursachen und Stellfaktoren gar nicht bewusst. Entweder fehlt das richtige „Werkzeug", etwa Sport oder autogenes Training. Aber auch falsche Ernährung oder eine zusätzliche Belastung im privaten und sozialen Umfeld verstärken die Stress- und Burnout-Gefahr.

Doch, wie kommen Sie aber aus dieser Stress-Spirale heraus?

Was können Unternehmen, Führungskräfte und Personen tun, um nicht vollständig in der Stressspirale zu verschwinden?

Als erstes müssen wir der Ursache auf den Grund gehen. Was stresst uns oder was glaubt unser Verstand, was uns stresst?

Oft sind es gar nicht die großen Probleme, die Stress verursachen. Eine geöffnete Zahnpastatube im Bad, Papiertaschentücher in den Hosen beim Waschen in der Waschmaschine, Pinkeln im Stehen (das ist ein rein weiblicher Stressor), das Warten vor einer Ampel oder im Supermarkt, der unfähige Hausmeister, die Nichtanerkennung für eine erbrachte Leistung ... oder Sie stehen auf der A3 um Frankfurt im Stau und müssen dringend auf das WC.

Kennen Sie das Klingeln des Weckers alle 6 Minuten am Morgen? Nach dem ersten Klingeln sind Sie wach und können aufstehen. Doch Ihr Lebensgefährte hat das Weckerläuten 30 Minuten vorgestellt um langsam aufzuwachen. Das sind mehr als fünf Tage Schlaf, die Ihnen im Jahr gestohlen werden.

Stressoren, also das, was uns stresst, werden in zwei Bereiche unterteilt: einmal in die objektiven und einmal in die subjektiven Stressoren.

Bei den objektiven Stressoren spricht man von körperlichen, chemischen, seelischen, sozialen, organisatorischen oder personenbedingten Stressoren. Hierunter fallen zum Beispiel: Sonne, Hitze, Lärm, Nikotin, Alkohol, Drogen, Medikamente, Prüfungsängste, Zeitdruck, Konflikte, Isolation, Kompetenzen, Rollenkonflikte, Unsicherheit oder Untermotivierung.

Die subjektiven Stressoren sind zum Beispiel gekennzeichnet durch negative Denkmuster, Ungeduld, Sorge, Angst, Wut oder Ärger sowie Konkurrenzdenken, selbst auferlegten Leistungsdruck oder eine zu hohe eigene Erwartungshaltung.

Nachfolgend sehen Sie die meistgenannten Stressfaktoren ohne Bewertung:

- Tod eines Familienangehörigen
- Scheidung, Trennung
- Chronische Konflikte in der Paarbeziehung
- Zeitmangel, Termindruck
- Lärm
- Geldmangel, Armut, Schulden, Überschuldung
- Fehlende Gestaltungsmöglichkeiten, mangelndes Interesse am Beruf und an der Freizeit
- große Verantwortung
- Mobbing am Arbeitsplatz, Mobbing in der Schule
- Schichtarbeit (bewirkt eine Störung des Schlaf-Wach-Rhythmus und gesundheitliche Probleme)
- Ständige Konzentration auf die Arbeit (zum Beispiel bei Fließbandarbeit)
- Angst, nicht zu genügen
- Soziale Isolation, Verachtung und Vernachlässigung
- Schlafentzug
- Krankheiten, Operationen und Schmerzen
- Schwerwiegende Ereignisse (beispielsweise ein Wohnungseinbruch)
- Unterforderung, Langeweile und Lethargie
- Überforderung durch neue technische Entwicklungen (Technostress)

Was sind Ihre Stressoren? Bitte schreiben Sie hier Ihre 9 größten Stressoren auf und ordnen sie diese nach Wichtigkeit und Dringlichkeit.

1.

2.

3.

4.

5.

6.

7.

8.

9.

Ihre Work-Life-Balance

Sie sind sehr erfolgreich im Beruf, ernten Auszeichnung um Auszeichnung, Beförderung um Beförderung. Privat aber ist Ihre Ehe gescheitert. Sie haben keine echten Freunde mehr oder Hobbys. Was werden Sie automatisch tun? Ich verrate es Ihnen: Sie werden noch mehr arbeiten, um so wenig private Zeit wie möglich zu haben. Private Zeit stresst Sie und daher steht Arbeit an erster und einziger Stelle.

Auf der anderen Seite: Wie reagieren Sie, wenn Sie nur fürs Private leben? Der Beruf steht an letzter Stelle und häufig auch das Engagement dafür. Dies wiederum zieht mangelnde Anerkennung, fehlende Aufstiegschancen, Langeweile und schlechte Bezahlung nach sich. In beiden Fällen grenzen Sie einen Bereich Ihres Lebens aus. Was wollen Sie da regulieren?

Ihre Work-Life-Balance ist als ein ausgewogenes Verhältnis zu verstehen. Geld und Karriere sind für Sie nicht mehr oberstes Ziel. Ihnen ist es wichtig, Ihre privaten Interessen oder Ihr Verständnis von Familienleben mit den Anforderungen in der Arbeitswelt in Einklang zu bringen. Dazu gehören das Wohlfühlen am Arbeitsplatz, der Spaß an der beruflichen Aufgabe und ein gutes Verhältnis mit dem Vorgesetzten und den Kollegen. Einen Verzicht auf Einkommen nehmen Sie zugunsten der Work-Life-Balance hin.

Um Stress wirklich regulieren zu können und um Ihre persönliche „Work-Life-Balance" zu finden, müssen Sie ganzheitlich Ihre vier Lebensbereiche Arbeit, Familie, Gesundheit und Kultur einbeziehen.

Sie müssen Stress in Verbindung mit:

▶ Körper und Gesundheit (Ernährung – Entspannung – Erholung)
▶ Arbeit, Leistung und Wirtschaftlichkeit (Karriere – Beruf – Geld – Wohlstand – Erfolg)
▶ Familie und Freunden (Freunde – Anerkennung – Sozialkompetenz)
▶ Sinn und Kultur (Selbstverwirklichung – Liebe – Glaube)
betrachten.

Das harmonische Zusammenspiel der vier Lebensbereiche ist der wichtigste Faktor, um Erfolg und Erfüllung zu erhalten. Auch wenn sich die Gewichtung der vier Schwerpunkte immer wieder verlagern, so ist doch darauf zu achten, dass jeder zu seinem Recht kommt und so bald möglich wieder an die richtige Stelle gerückt wird. Und wenn wieder einmal ein Bereich aus dem Ruder zu geraten droht, denken Sie daran: Jeder Bereich nimmt sich so viel Zeit, wie Sie ihm lassen!

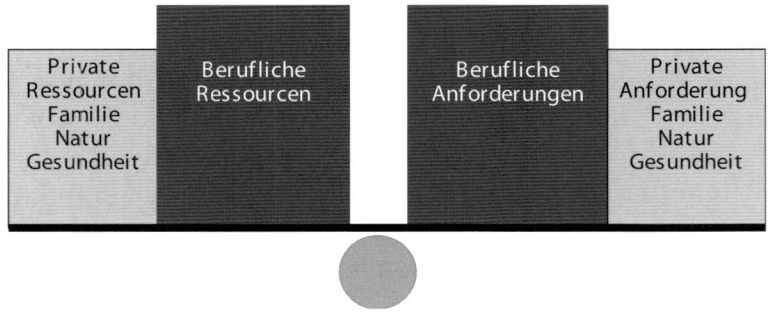

Schauen Sie daher immer auf die Wippe. Sind Sie im Gleichgewicht, also in Balance?

Arbeiten rund um die Uhr wird heute in vielen Unternehmen nicht länger als Garant für Erfolg gewertet. Die Wirtschaft hat festgestellt, dass Mehrarbeit über einen längeren Zeitraum eher zu einer Produktivitätssenkung führt.

Denn was nützt es einem Arbeitgeber, wenn das beste Pferd im Stall mit 35 ausgebrannt ist, er die Genesungskosten und Ausfallzeiten kompensieren darf und seine Kunden mit Vertragsauflösung drohen, weil die vereinbarten Lieferbedingungen und Dienstleistungen nicht eingehalten werden?

Was nutzt es umgekehrt dem besten Pferd, wenn es nicht mehr ausreiten darf und zum Sterben im Stall zurückgelassen wird oder an einem Pferdemetzger zur Salamiproduktion weiterverkauft wird? In der Arbeitswelt wird dieses oft „präventives Headhunting" genannt. In diesen Fällen werden Headhunter beauftragt, ausgebrannte Mitarbeiter abzuwerben und diese an andere Unternehmen als Spezialisten weiterzuvermitteln.

Viele Unternehmen bieten daher Gesundheitsprogramme für Mitarbeiter an. Dieses geht von der Beteiligung an Fitness-Studiokosten bis hin zur Integration eigener Studios in den Unternehmen selbst.

Fragen Sie mal in Ihrem Unternehmen nach, was Ihr Unternehmen Ihnen an gesundheitsförderlichen Maßnahmen bieten kann und wenn sie vorhanden sind, nutzen Sie sie!

Was ist Stress-regulierung genau?

Stressregulierung fördert die persönliche Leistungsfähigkeit und ist ein ganzheitliches Konzept, das auf die traditionellen Formen zur Stressbewältigung zurückgreift und diese durch komplementäre und neue Möglichkeiten ergänzt. Es basiert auf Forschungsresultaten, die nachweislich zeigen, dass das physische und psychische Gleichgewicht nach einer Stresseinwirkung sofort wieder hergestellt werden kann. Stressregulierung erhöht und stabilisiert die Lebensqualität auf allen Ebenen und verbessert die Stressresistenz. Stress entsteht im Kopf. Das bedeutet, dass Sie in jeder Situation, in der Stress für Sie auftritt, die entsprechende Stressbewältigungsstrategie kennen und anwenden.

Mit Stressregulation werden Sie neu motiviert, fit, ausgeglichen und erfolgreicher. Viele gestresste Menschen, die wir in den letzten Jahren begleiten durften, haben durch die Anwendung unglaubliche Erfolge erfahren und erfreuen sich einer wesentlich besseren Lebensqualität!

Druck und Ärger auf der Arbeit oder permanenter Streit mit dem Lebensgefährten oder den Kindern zum Beispiel versetzen den Körper in permanente Alarmbereitschaft. Adrenalin und Cortisol können in erhöhtem Maße ausgestoßen werden. Die Stressreaktion beginnt und schwächt das Immunsystem, statt den Körper zu stärken. Ein Ungleichgewicht entsteht zwischen Wollen und Können.

Stress ist nicht nur Bedrohung. Stress ist auch Herausforderung. Stress macht den Geist hellwach, den Körper bereit zum Handeln. Stress entsteht im Kopf. Stress ist also nichts anderes als ein Missverhältnis zwischen wahrgenommenen Anforderungen und verfügbaren Bewältigungsmöglichkeiten.

Diese einfache Formel zeigt auch sofort die wesentlichen Problemauslöser und Lösungsansätze auf. Immer geht es um die von einem Menschen wahrgenommenen Anforderungen (Aufgaben, Belastungen, Pflichten usw.)

Wer nichts wahrnimmt bzw. sich nichts vorstellt, hat eher selten Stress. Viel Stress hingegen entsteht dadurch, dass zu viel wahrgenommen wird. Hermann Scherer hat mal den Begriff „Zuvielisation" geprägt. Erstens wollen wir immer mehr und zweitens bekommen wir aber auch immer mehr, vor allem Informationen.

Die Betroffenen sehen in allem und jedem eine Pflicht oder leiden ständig unter Zeitdruck. Deshalb besteht eine der Lösungen darin, zu überprüfen, ob es sich bei dem Vorgestellten um eine tatsächliche oder besonders dringliche Anforderung handelt, die sich zudem speziell gegen den „Gestressten" richtet. Insbesondere sollte man sich immer fragen, ob es sich nicht um selbst auferlegte Anforderungen handelt, die man genau so eigenverantwortlich wieder verringern kann. Stress ist also auch typenabhängig.

Wer diese Herausforderungen als Chance begreift, den stresst Stress nicht. Machen Sie Stress zu Ihrem Sparringspartner, spielen Sie mit dem Stress. Dann führt Stress zum Erfolg. In der Stressregulation geht man davon aus, dass der körperliche, seelische und geistige Zustand eines Menschen an seiner äußeren Erscheinung, Körperhaltung, Gestik und Mimik, Sprache und seinem Verhalten der Umwelt gegenüber erkennbar ist.

Sämtliche Äußerungen eines Menschen, z. B. verbale Äußerungen und nonverbales Verhalten, sind geeignet, um rückwir-
kend in einem gewissen, begrenzten Umfang Einblick in das
psychische Innenleben eines Menschen zu erhalten und darüber Aufschluss zu geben.

Betrachten Sie Stress ganzheitlich. Arbeit, Familie, Bewegung, Ausdruck, Ernährung, Schlaf, intellektuelle und emotionale Intelligenz sowie Sexualität bilden Stellmechanismen zur
Stressregulation

Intellektuellen und emotionalen Ausgleich schaffen

Basis für ein stressfreies Denken ist das positive Denken. Ist
das Glas halb voll oder halb leer? Warum erzählen wir immer
nur, wie schlecht es uns geht, aber selten, wie gut es uns geht?
Warum werden Mitarbeiter in Unternehmen bei Fehlern gerügt
oder erhalten eine Abmahnung, aber gute, hervorragende Leistungen setzt man voraus? Und warum geht ein „Danke" oder
„gut gemacht" den Managern und Führungskräften so schwer
über die Lippen?

Das können Sie eins zu eins ins Privatleben übertragen:
Wann haben Sie Ihren Lebensgefährten oder Ihre Kinder das
letzte Mal gelobt? Gerade die emotionale Intelligenz wird oft
vernachlässigt, was zu wachsenden Defiziten führt. Unter anderem bei der Fähigkeit zur Empathie und Wertschätzung, der Bereitschaft, Verantwortung zu übernehmen sowie der Fertigkeit,

mit Problemen und Konflikten umzugehen. Diese Fähigkeiten sind grundlegend für Führungsqualitäten, Erfolg im Beruf und im Privatleben sowie allgemein für ein erfülltes und harmonisches Leben.

Einige Beispiele:

Bewegung

Vor Urzeiten, als wir beim Anblick der Säbelzahntiger in Stress gerieten und wir dann Stresshormone ausschütteten, griffen wir entweder an oder flohen – beides vehemente Bewegungen, die die Stresshormone abbauen.

Wenn uns heute der Chef die Zähne zeigt und wir in negativen Stress geraten, bleiben wir eher grummelnd am Schreibtisch sitzen. Wir schlucken den Stress sprichwörtlich in uns hinein. Und das Verbleiben des Stresshormons im Körper macht bekanntermaßen krank. Früher sorgte der Gang zum Aktenschrank oder die direkte Weitergabe von Akten an die Kollegin im Zimmer nebenan noch für einige Bewegung im Büro, heute bewegt sich im digitalen Zeitalter oft nur noch der Zeigefinger und streichelt dabei zärtlich die Maus des Computers. Das ist schnell, praktisch und bequem – aber nicht eben bewegungsfreundlich.

Stressregulierung ohne Bewegung ist keine Stressregulierung, denn alles ist in Bewegung. Wir, Sie, alles, so auch die Luft, die wir atmen und natürlich die Erde, die sich dreht. Die einzige Konstante ist die Veränderung. Vielseitige körperliche

Betätigung ist uns von Geburt gegeben. Erinnern Sie sich, wie Sie als Kind aktiv waren und zum Beispiel auch alles versucht haben, um abends nicht ins Bett zu müssen?

Oder die Männer, die bei der Bundeswehr waren: Haben Sie nicht versucht, mit jeder sportlichen Leistung einen Tag Sonderurlaub zu erhaschen? Die Spannbreite der Intensität reicht von ruhig anmutenden Bewegungen, zum Beispiel Qi-Gong, über Spazierengehen und gelegentlichem Sport bis hin zu steter, moderater sportlicher Betätigung. Die Stressforschung weiß heute, dass die Stresshormone nur über Bewegung abgebaut werden!

Ernährung

Natürliche Gesundheit heißt, dass der Körper sich ständig um Gesundheit bemüht und er dies durch fortwährende organische Reinigung seiner selbst erreicht. Dies kann der Körper aber nur dann, wenn sich der Mensch im Einklang mit seinem Körper befindet und ihn nicht durch falsche Ernährung schwächt.

Essen macht uns daher nicht nur satt, sondern ernährt auch unseren Geist und ist ein sehr wichtiger Bestandteil in der Stressregulierung. Wir wissen schon seit langem, dass Essen sich direkt auf den Geist auswirkt. So sollen Avocados und Spargel die Konzentration verbessern und Rindfleisch sagt man nach, das Selbstbewusstsein zu stärken.

Fisch verbessert die Denkfähigkeit des Gehirns und Milch und Nüsse sollen das Erinnerungsvermögen verbessern.

Richtige Ernährung hebt die Stimmung, baut Stress ab und steigert das Wohlbefinden. Sicher nicht nur für Männer interessant ist, dass Austern, Morcheln und Champagner eine Steigerung der sexuellen Lust nachgesagt wird.

Wer kennt unter anderem nicht den Spruch:

„An apple a day, keeps the doctor away"

und bekanntlich schützt ja das Glas Rotwein am Abend vor Herzinfarkt.

Schlaf

Der Schlaf ist Tiefenentspannung. Die Möglichkeit einer regenerativen Phase für den Körper ist gegeben. Ausdrücke wie „Schlaf mal drüber"! bestätigen dieses seit Jahrhunderten. Der Schlaf ist ein Ausgleich für Ihre Zellstruktur und ihre Psyche. Doch bei vielen Menschen ist der Schlaf genau das Gegenteil. Sie können nicht einschlafen, wachen mitten in der Nacht auf oder machen selbst die Nacht zum Tag.

Sexualität

Die Sexualität ist das Hauptmotivationsprinzip der Natur und birgt ein großes Energiepotenzial. Sexualität wirkt sich positiv auf die Gesundheit und das psychische Wohlbefinden aus. Geist, Körper, Emotionen sind im Einklang. Bei keiner anderen Aktivität (Bewegung) wird so viel Glückshormon Endorphin ausgeschüttet, so das Ergebnis des Schweizerischen Instituts für Stressforschung.

Also, meine Damen und Herren, die Ausrede: „Ich habe keine Lust, denn ich bin ja so gestresst!" zählt nicht mehr. Gerade in diesen Zeiten sollten Sie regelmäßig Sexualverkehr haben.

Leider aber ist Sexualität gerade deswegen wahrscheinlich (sicher bei vielen unbewusst) auch einer der größten Stressfaktoren unserer Zeit.

Interessant ist auch das Phänomen, wenn ich Vorträge zu diesem Thema halte, das Thema Sexualität anspreche, ich im Nachgang eine Vielzahl von Emails von Zuhörern bekomme, welche mich anfragen, ob sie obige Aussage schriftlich haben können.

Doch das Thema Stress und Sexualität darf man nicht auf die leichte Schulter nehmen. Forscher der Universität Pennsylvania haben herausgefunden: Stress, den Männer empfinden, wirkt sich auf ihre Spermien aus, mit potenziellen negativen Folgen für ihre Kinder. Diese reagieren somit weniger empfindlich auf Belastungen. Die damit verbundenen Veränderungen im Nervensystem können Angststörungen oder gar Depressionen auslösen. Väterlicher Stress und psychische Erkrankungen der Kinder stehen somit in einem engen Zusammenhang.

Zusammenfassung

Stress gehört daher zum Leben eines jeden Menschen. Seine körperlichen Signale wahrzunehmen und seinen Auswirkungen präventiv zu begegnen hilft, Gesundheit zu erhalten oder Heilungsprozesse zu unterstützen. Sie können so den grüblerischen Gedanken anders begegnen, die Ihnen den Schlaf rauben, Kraft in sich sammeln, Schmerzen anders angehen, Ihre Energie wieder ins Fließen bringen, Ihr inneres körperliches Gleichgewicht herstellen, Ihre innere Ruhe finden.

Stressregulierung beschäftigt sich mit dem Menschen als ein Ganzes, d. h. Körper, Geist und Seele. Sie beschäftigt sich mit dem Menschen in seinem Handeln, Denken und Verhalten und vertritt als grundlegende Theorie das Gesetz der Wechselwirkung. Dieses Gesetz besagt, dass alles mit allem in Wechselbeziehung steht. Das Außen mit dem Innen, die Physis (also die Körperlichkeit) mit der Psyche, das Individuum mit seinem sozialen Umfeld.

Deshalb Stressregulierung und nicht Stressreduzierung. Wenn Sie wissen, wo Ihre Stell- und Regelfaktoren sind, wie Sie diese sinnvoll einsetzen können, dann haben Sie gewonnen. Der Stress ist dann nicht länger Ihr Feind oder Ihr Gegner. Stress ist ab sofort ein Partner oder ein Spielkamerad mit dem Sie gemeinsam Ihr weiteres Leben verbringen werden. Nur mit dem Unterschied, Sie führen und managen Ihren Stress.

Ihre 10 Ersthelfer gegen Stress

Folgende Ersthelfer, alle medizinisch, physiologisch, psychologisch und betriebswirtschaftlich ausgebildet und jahrelang erfahren, werden Ihnen helfen, Ihr persönliches Stressregulierungsprogramm zu entwickeln. Sie können sich auf jeden dieser Ersthelfer bestens verlassen:

Im Kapitel „Stressoren" haben Sie Ihre 9 wichtigsten Stressoren bestimmt. Ordnen sie diese Stressoren nun in folgende Gruppen:

1. Kann ich sofort ändern:

2. Kann ich mittelfristig ändern:

3. Kann ich langfristig ändern:

4. Kann ich überhaupt nicht ändern:

ERSTHELFER NR. 1 – ICH ATME RICHTIG

Pro Tag atmet der Mensch im Ruhezustand etwa 15.000 Mal ein und 15.000 Mal wieder aus. Man könnte meinen, Atmen ist Ihnen in Fleisch und Blut übergegangen. Zur Versorgung des Körpers mit Sauerstoff ist es das auch.

Stress kann uns im wahrsten Sinne des Wortes die Luft wegnehmen. Oft werden dann nur die oberen Anteile der Lungenflügel mit sauerstoffreicher Luft gefüllt und große Teile der Lunge bleiben ungenutzt. Bei dieser oberflächlichen Stressatmung heben sich typischerweise die Schultern, die Brust wird herausgedrückt und der Bauch eingezogen. Ein entspannter Mensch hingegen atmet tief und langsam ein und aus.

„Erst mal tief durchatmen!", ist deshalb ein gutgemeinter und sehr hilfreicher Rat, wenn der Stress uns zu überrollen scheint. Stehen Sie im Büro auf, machen Sie mal das Fenster auf und holen Sie tief Luft. Bereits fünf bis sechs bewusste Atemzüge reichen oft aus, eine Distanz zum Stress zu schaffen. Bei der entspannenden Bauchatmung wird der Solarplexus massiert. Dieses Nervennetz liegt im oberen Bauchraum und wirkt beruhigend auf das Nervensystem. Dadurch werden nervöse Spannungen gelöst, Unruhe abgebaut.

Gähnen ist die einfachste Form der Körperatmung. Gähnen regt den Kreislauf an und die Energie- und Sauerstoffzufuhr im Gehirn wird verbessert. Zudem löst Gähnen Verspannungen im Kopf und an der Kiefermuskulatur.

❗ Tipp:
Verlegen Sie doch einfach mal ein Mitarbeitergespräch oder ein Projektmeeting in die freie Natur.

➕ Übung:
Versuchen Sie vielleicht auch einmal die folgende Übung.

Sie benötigen einen ruhigen Raum, bequeme Kleidung, etwa 15 Minuten Zeit, einen bequemen Stuhl oder, wenn Sie lieber im Liegen entspannen möchten, eine nicht zu weiche Unterlage. Die Entspannungsfähigkeit allerdings, die Sie in einer aufrechten Sitzhaltung erworben haben, lässt sich leichter auf den Bürostuhl oder andere Sitzgelegenheiten übertragen.

Wenn Ihnen während der Übungen Gedanken durch den Kopf gehen, kümmern Sie sich nicht darum. Am Ende der Übungen ist es wichtig, die Entspannung zurückzunehmen. Das gelingt durch ein kurzes Anspannen der Muskeln und Recken und Strecken.

👁 ÜBUNGSABLAUF:

Die Fersen sind etwa zwei Handbreit auseinander, die Zehen fallen locker nach außen. Arme und Hände liegen gelöst neben dem Körper, ohne ihn zu berühren. Hals und Schultern sind gelöst, der Kopf liegt bequem, so können Sie frei und leicht atmen. Schließen Sie die Augen und halten Sie sie während der ganzen Übung geschlossen.

Langsames Atmen löst und beruhigt. Atmen Sie über die Nase ein und aus. Der Widerstand der Nase verlangsamt die Atmung. Dadurch kann das Blut mehr Sauerstoff aufnehmen. Wenn sie einatmen, sollte sich Ihr Bauch heben, beim Ausatmen senken. Legen Sie besonderes Augenmerk auf Ihre Ausatmung. Sie sollte etwa doppelt so lang wie die Einatmung sein. Tiefes, langsames Ausatmen entspannt und lockert.

Atmen Sie rhythmisch: einatmen – ausatmen mit kurzer Pause. Lassen Sie Ihren Atem sanft fließen, ohne sich zu zwingen. Sie können das Ausatmen unterstützen. Lassen Sie dabei innerlich ein „h" erklingen. Es braucht nicht hörbar zu sein. Das Ausatmen erfolgt immer auf „h".

Stellen Sie sich beim Einatmen ein „a" vor. Denken Sie nun an diesen Vokal beim Einatmen, mit dem Ausatmen an das „h". Machen Sie neun (oder eine Vielzahl von neun, aber maximal 36) solcher langsamen und beruhigenden Atemzüge.

Überlassen Sie alle Spannungen dem Boden. Spüren Sie, wie der Boden Sie trägt. Sie brauchen dazu nichts zu tun. Atmen Sie jetzt noch einmal tief ein und aus. Öffnen Sie langsam die Augen. Recken und strecken Sie sich nach Herzenslust.

QUELLE: AOK & JIN SHIN JUITSU

Ersthelfer Nr. 2 –
Ich denke an was Schönes

Lassen Sie mich hier mit einem Zitat des großen Showmasters Rudi Carrell beginnen:

„Tagesschausprecher beginnen Ihre Sendung mit, Guten Abend, meine Damen und Herren.' Danach überzeugen Sie uns fünfzehn Minuten vom Gegenteil."

Erinnern Sie sich an Ihre Körperhaltung, als Sie einen großen Erfolg oder sich über etwas erfreut hatten? Zum Beispiel an Ihre letzte Beförderung oder die Geburt Ihres Kindes?

Nehmen Sie zum Stressabbauen diese Haltung ein, denken Sie an diese schöne Situation. Sie werden spüren, wie Ihr Körper und Ihr Geist Ihnen helfen können, sich besser zu fühlen. Das menschliche Auge sieht nur in einem kleinen Bereich wirklich scharf, dem sogenannte „Fokus".

Ähnlich funktioniert Ihr Gehirn: Ihre Aufmerksamkeit bleibt häufig auf eine einzige Sache konzentriert. Wenn Sie etwas Negatives im Brennpunkt haben, kann Sie das stark blockieren. Denken Sie daher positiv, suchen Sie Chancen und Möglichkeiten.

Stellen Sie sich zum Beispiel folgende Fragen:

▶ Wie schlimm ist das eigentlich?
▶ Sterbe ich daran?
▶ Werde ich dadurch stark benachteiligt?
▶ Haben wir nichts mehr zu essen?
▶ Verliere ich meine Stellung?

Sie werden mit Sicherheit feststellen, dass das Essen nie so heiß gegessen wird, wie es gekocht wurde. Man sollte nicht gleich an das Schlimmste denken. Oft werden Situationen unter Stress überbewertet. Vergeuden Sie Ihre Energie nicht damit, sich darüber zu ärgern, was alles passieren könnte. Denken

Sie positiv. Machen Sie eine Liste mit den positiven Faktoren in der jeweiligen Situation.

Schreiben Sie hier bitte Ihre 5 wichtigsten, beliebtesten und positiven Leitsätze auf. Ordnen Sie diese nach Ihrer Priorität.

1.

2.

3.

4.

5.

Ihr absoluter Lieblingssatz ist?

Übrigens, wussten Sie, dass gemäß einer Studie des Managermagazins zufolge 92 Prozent der befragten Leser mentales Training zum Stressabbau einsetzen?

Negativer Stress entsteht nicht nur durch äußere Faktoren, sondern auch durch persönliche Einstellungen. Übertriebener Perfektionismus gehört dazu oder die Neigung, es allen recht zu machen. Werden Sie sich dessen bewusst, und bauen Sie Distanz zu Ihrem Stress auf. Das dauert eine Weile, aber so können Sie Ihr Gehirn „umprogrammieren".

Verzichten Sie daher, alles zu 100 Prozent zu erledigen. Setzen Sie sich Ziele und Marker. Ich kenne genügend Kunden, welche mit 95 Prozent zufrieden sind.

Ein Beispiel dazu: Ich begann meine Kariere in der Basler Großchemie: Wir stellten unter anderem Tinopal her. Tinopal ist ein optischer Aufheller, welcher Waschmittel zugefügt wird, um Wäsche weißer erscheinen zu lassen. Dieser optische Aufheller musste einen Reinheitsgrad von 99,9% haben, sonst nahmen die großen deutschen Chemiefirmen diesen Aufheller nicht ab. In der Chemieproduktion kann es aber mal passieren, dass ein Produktionskessel, aus welchen Gründen auch immer, nicht ganz sauber ist. Anstatt 99,9% Reinheit, erzielten wir nur 99%. Nun zeigen Sie mir aber bitte die Hausfrau, welche mir mit dem bloßen Auge zeigen kann, ob die soeben gewaschene Wäsche zu 99,9 oder zu 99% weißer erscheint?

Doch, das hergestellte Produkt konnte in Deutschland nicht mehr verkauft werden. Neue Vertriebskanäle mussten her. Im Süden Europas freute man sich über Wäsche mit 99% Aufhellung zu einem wesentlichen kostengünstigeren Preis.

Kennen Sie die 80/20 Regel?

Mit 20 Prozent des Aufwandes erreichen Sie 80 Prozent des Ergebnisses und für die restlichen 20 Prozent benötigen Sie 80 Prozent des Aufwandes. Ist es diesen Aufwand wert, um die 100 Prozent zu erreichen?

Als ich noch am Anfang meiner Karriere stand, war ich davon besessen immer besser zu werden, immer weiter und höher zu kommen. Eines Tages beorderte mich mein damaliger Chef in sein Büro und stellt mir nur eine Frage:

„Warum wollen Sie für alles in der Welt die Nummer 1 werden?"

Die Frage irritierte mich und ich machte mir darüber keine großen Gedanken. Erst Jahre später wurde ich mir über den Sinn dieser Frage bewusst. Ich musste feststellen, dass es sich als Nummer 2 wesentlich besser lebt. Man ist nicht permanent im Schussfeld, man kann alles entspannter angehen und das Ansehen in der Gesellschaft und der Verdienst ist nur unmerklich geringer. Wenn ich heute Klienten coache, denke ich immer wieder gerne an den Satz meines ehemaligen Vorgesetzten zurück.

Die Macht Ihres Unterbewusstseins, die Kraft Ihrer Gedanken kann bekanntlich Berge versetzen. Haben Sie schon einmal bewusst auf Ihre Gedanken gehört? Sie können sich diese Macht sehr leicht antrainieren.

Voraussetzung dafür ist ein Zustand der geistigen und körperlichen Entspannung. Dieses kann mit der bereits beschriebenen Atemtechnik erreicht werden. Wir nennen diesen Zustand den Alpha-Zustand. In diesem Zustand ist man zwar noch

Herr seiner Sinne aber das Gehirn läuft auf Sparflamme. Diesen Alpha-Zustand hat jeder von uns schon erlebt. Erinnern Sie sich an Ihre letzte Autobahnfahrt? Plötzlich haben Sie die Ausfahrt erreicht und fragen sich, ups schon da? Sie können sich in der Regel nicht mehr daran erinnern, ob Sie überholt haben oder ob Sie überholt worden sind?

In diesem Alpha-Zustand liegt unsere Gehirnfrequenz zwischen 8 und 12 Hertz. Im Beta-Zustand, also in dem Zustand wo wir konzentriert arbeiten, liegt die Gehirnfrequenz zwischen 13 und 30 Hertz. Buddhistische Mönche schaffen in Phasen absoluter Entspannung Gehirnfrequenzen unter 3 Hertz. Je tiefer Ihre Gehirnfrequenz desto größer Ihre Entspannung.

✚ ÜBUNG:

Ein gutes Mittel diese Entspannung zu erreichen ist die „Reise durch den Körper". Suchen Sie sich dazu einen ruhigen Raum. Telefon, Türklingel oder lauter Straßenlärm sollten abgeschaltet oder nicht zu hören sein. Entspannungsmusik erleichtert es, in diesen Alpha-Zustand zu kommen.

Legen Sie sich hin oder setzen Sie sich in einem bequemen Stuhl oder Sessel. Schließen Sie die Augen und rollen Sie die Augenäpfel leicht nach oben. Nun sind die Voraussetzungen geschaffen, um mit der Reise zu beginnen.

Gehen Sie nun in Gedanken den ganzen Körper durch und entspannen Sie Körperteil für Körperteil. Es gibt mehrere Methoden, mit welchem Körperteil Sie beginnen können. Ich bevorzuge an der Schädeldecke zu starten. Lenken Sie Ihre Gedanken an die Schädeldecke, fühlen Sie innerlich Ihre Schädeldecke, haben Sie einen Druckpunkt, ignorieren Sie diesen, aber bewerten Sie diesen Punkt nicht. Dieser Druckpunkt ist ein Teil von Ihnen. Wenn Sie keinen Druckpunkt haben oder fühlen, umso besser. Wandern Sie nun mit Ihren Gedanken über die Stirn, die Augen, die Nase und den Mund. Verweilen Sie an jedem Punkt einige Sekunden und wiederholen Sie Ihre Gedanken. Wie fühlen sich meine Augen an? Sind diese schwer? Fühlen sich die Augen gesund an?

Schritt für Schritt wandern Sie durch Ihren Körper. Hals, Schulter, Arme, Brust, Bauch sind die nächsten Organe. Becken, Oberschenkel, Knie, Schienbein, Sprunggelenkt, Rist und Zehen folgen. Sie haben sicher nun festgestellt, dass wir uns nur auf der Vorderseite des Körpers bewegt haben. Nun wandern wir zurück zur Schädeldecke aber diesmal auf der Körperrückseite.

Waden, Unterschenkel, Po, Kreuz, Wirbelsäule, Hals und Hinterkopf. Sie bestimmen Reihenfolge und Geschwindigkeit und vor allem vergessen Sie das Atmen nicht. Nun öffnen Sie Ihre Augen und kommen langsam wieder in den Beta-Zustand zurück. Ihre Gedanken sind nun frei. Genießen Sie diesen Augenblick.

✚ ÜBUNG 2 (FÜR DAS BÜRO)

Benötigt wird nur eine Uhr mit einem Zifferblatt und 2 Minuten Zeit.

1. Richten Sie den Blick auf das Zifferblatt der Uhr.

2. Warten Sie bis der Sekundenzeiger die Zwölf erreicht hat.

3. Verfolgen Sie nun aufmerksam den Sekundenzeiger auf seinem Weg um das Ziffernblatt.
   Richten Sie die ganze Konzentration auf den Vorgang der Beobachtung aus. Sollten Ihre Gedanken abschweifen, so hat dieses keine Bedeutung.
   Richten Sie einfach Ihre Aufmerksamkeit wieder auf den Sekundenzeiger aus und begleiten Sie ihn einfach auf seinen Weg.

4. Nach Ablauf von zwei Minuten nehmen Sie wieder die vorherige Tätigkeit auf oder wiederholen die Übung.

Wie fühlen Sie sich nun?

ERSTHELFER NR. 3 –
ICH GÖNNE MIR EINE PAUSE

Nicht umsonst schreibt das Arbeitsschutzgesetz Pausen während der Arbeitszeit vor. Dass Überstunden und lange Arbeitszeiten langfristig zur Produktivitätssenkung führen, ist längst bekannt und erwiesen. Oft ist in diesen Situationen auch eine erhöhte Fehlerrate festzustellen. Machen Sie daher mal öfters eine kleine Pause. Fünf Minuten pro Stunde reichen voll und ganz aus. Gehen Sie zum Kaffeeautomat an einem offenen

Fenster vorbei und verbinden Sie diesen Gang mit der Übung 1 „Richtig atmen". Damit versorgen Sie Ihre Blutbahn mit Sauerstoff, was die Denkfähigkeit im Gehirn anregt. Spitzenmanager gehen vor wichtigen Meetings oft dreißig Minuten im Park spazieren, um von Anfang an geistig fit teilhaben zu können. In Bonn coache ich so einen Manager eines großen Konzerns seit Jahren. In seiner Agenda stehen bis auf ein Jahr im Voraus die wichtigsten Termine in seiner Agenda. Und zwei Stunden vorher, eine Stunde gemütliches Spaziergehen mit mir im nahegelegenen Park. Wenn dieser hohe Manager das kann, dann können Sie das schon längst. Wollen Sie im harten Wettbewerb auf diesen Vorteil verzichten?

Kleine Auszeiten können auch die Momente sein, in denen Sie einfach nur aus dem Fenster schauen und Körper und Geist entscheiden lassen, wonach Ihnen zumute ist. Vielleicht hören Sie auch einfach Musik und lassen Ihre Gedanken schweifen. Ziel ist es, den Geist zu beruhigen und nicht, ihn weiter zu beschäftigen. Nehmen Sie sich jeden Tag Zeit, in der Sie etwas tun, das nur für Sie ist. Das kann auch ein Nickerchen sein.

Spontane Entspannung

Einfach mal tief durchatmen und bis zehn zählen – und am besten noch einmal tief einatmen und beim Ausatmen locker lassen: die Füße, die Beine, die Schultern, den Mund.

Oder Sie haben schon ein wenig Erfahrung mit Entspannungsübungen und können eine kurze Drei-Minuten-Entspannung einlegen:

Locker sitzen, die Augen schließen und dann Ihren Körper spüren:

Wie angespannt fühlen Sie sich? Wo sitzt die meiste Spannung? Spannen Sie diesen Muskelbereich bewusst noch etwas stärker an (vielleicht mit einer passenden Bewegung). Halten Sie diese Spannung für ein paar Momente (7 Sekunden).

Und dann lassen Sie ganz plötzlich los! Wie fühlt sich der Muskelbereich jetzt an?

Lassen Sie sich Zeit für das Nachspüren. Lassen Sie die Entspannung sich im ganzen Körper ausbreiten. Beenden Sie die Entspannung durch Bewegung (strecken und räkeln Sie sich), atmen Sie tief durch und öffnen Sie die Augen.

❗ TIPP:

Führen Sie die 55-Minuten-Stunde ein. Gewähren Sie Ihren Mitarbeitern und sich selbst in jeder Stunde 5 Minuten zusätzliche Pause. Es gibt mittlerweile viele PC-Programme und Handysoftware, die genau dieses automatisieren. Ich verspreche Ihnen, es hilft gegen Stress. Ich habe es selbst in meiner Firma eingeführt.

ERSTHELFER NR. 4 –
ICH LACHE ÖFTERS

Lachen ist wirtschaftlich, einfach und ein gutes Mittel gegen den Stress. Lachen ist einer der besten Muskel-Entspanner, erweitert die Blutgefäße und verteilt mehr Blut an die Extremitäten und andere über den gesamten Körper verstreute Muskeln. Außerdem reduziert es die Spiegel der Stresshormone Epinephrin und Cortisol.

Lächeln kostet nichts und ist trotzdem unbezahlbar. Lachen ist sehr heilsam und jederzeit einsetzbar.

Nicht umsonst bieten gute Gesundheitscoaches heute gegen Stress und Burnout sogar Lach- oder Clownseminare an. In Krankenhäusern gibt es Lachtherapien. In Österreich gibt es sogar einen Verein der Lachmediziner. Hier muss man Mediziner sein und eine zusätzliche professionelle Clownausbildung haben, um Mitglied zu werden. Lach-Yoga erfreut sich immer mehr und mehr Beliebtheit . Herzliches Lachen baut Stress ab, aktiviert Atmung und Kreislauf, regt die Verdauung an. Lachen macht glücklich.

17 Gesichtsmuskeln sind am Lachen beteiligt, und auch der Bauch und der Brustkorb ziehen die Muskulatur ruckartig zusammen. Weil die Lungen sich weiter ausdehnen, wird die Atmung schneller und tiefer. Sorgen Sie dafür, dass Sie etwas zu lachen haben.

Zeigen Sie die Zähne, d. h. lachen Sie herzhaft. Oder wenn Ihnen nicht danach zumute ist, lächeln Sie wenigstens. Und zwar mindestens 60 Sekunden ununterbrochen (das ist ein anstrengendes Unterfangen, aber es lohnt sich!). Ihr Körper schüttet dann Freudehormone aus und Sie fühlen sich gleich erleichtert.

Zudem werden durch das Lachen viele Gesichtsmuskeln aktiviert. Durch Lachen kann der Alterungsprozess verzögert und das Abschlaffen der Haut verringert werden. Die erhöhte Sauerstoffversorgung sorgt für eine gesunde Gesichtsröte,

der Tränenfluss verschafft den Augen einen Glanz, und unge-
wünschte mürrische Gesichtsausdrücke können sich bei regel-
mäßigen Lachübungen in ein freundliches Antlitz verwandeln.
Sie sehen einfach jünger aus.

Weiter erhöht Lachen laut Dr. Lee S. Berk von der Loma Lin-
da University, Kalifornien USA, die Anzahl der natürlichen Kil-
lerzellen und steigert die Antikörperspiegel. Zudem haben Forscher herausgefunden, dass es nach dem Lachtraining zu einer
Zunahme von Antikörpern in der Nasenschleimhaut und der
Schleimhaut der Atemwege kommt, was mit einem Schutz gegen einige Viren, Bakterien und weitere Mikroorganismen verbunden sein soll. Vielen unter Atemwegserkrankungen, an Aids
oder Krebs leidenden Menschen konnte durch regelmäßiges
Lachtraining geholfen werden.

❗ TIPP:

Beginnen Sie bereits am Morgen mit einem Lachen vor dem Spiegel
im Bad. Ziehen Sie Fratzen oder ziehen Sie ihre Ohren lang. Dieses
Lachen wird dann umso heftiger, wenn gerade in dem Moment wo
Sie eine Grimasse ziehen, Ihr Partner das Bad betritt. Dann hilft nur
noch ein Spruch:

„Ich kenne zwar den Typen im Spiegel nicht, aber ich rasiere ihn
trotzdem".

Weiter fordere ich meine Seminarteilnehmer auf, immer einen Holzbleistift zu unseren Trainings mitzubringen. Diesen
Bleistift nehmen die Teilnehmer dann zwischen die Zähne. Mit
den Lippen darf der Bleistift jedoch nicht berührt werden. Diesen nun bitte 3 Minuten halten.

Was passiert nun? Dem Gehirn wird nun vorgespielt, dass
man lacht. Glückshormone werden ausgeschüttet. Auch dieses ist eine einfache Methode, Stressbewältigung zu betreiben
auch wenn einem nicht zum Lachen zu Mute ist.

Üben Sie dieses auch mal auf der Autobahn in einem Verkehrsstau und schauen Sie dabei den Fahrer im Nebenfahrzeug an. Was meinen Sie wie der Gegenüber reagieren wird, wenn er Sie mit dem Bleistift im Mund sieht und Sie dabei das Gesicht verziehen? Besonders spaßig wird es, wenn er oder sie auch einen Bleistift im Mund hat.

Und Sie, haben Sie einen Lieblingswitz? Schreiben Sie diesen hier auf.

Ihr Lieblingswitz:

Sie kennen sicher auch Tage, an denen Ihnen die Arbeit über den Köpf wächst, Sie in innere Hektik geraten. Meist macht man dann auch Fehler, es klappt alles nicht so richtig und so schimpfen Sie innerlich mit sich. Sie sagen sich immer wieder vor: „Mein Gott, wie soll ich das bis heute Abend schaffen?" Oder: „Das schaffe ich ja im Leben nie!" usw. Das ist natürlich auch eine Haltung, mit der man durch das Leben gehen kann. Mit ihr wird man sich aber nicht weiterentwickeln und verhindert ebenso positive und beglückende Erfahrungen.

Manche Menschen sind skeptisch gegenüber positivem Reden, vom positiven Denken ganz zu schweigen.

Bedenken Sie aber: Wann ist die Chance größer, Ihr Ziel zu erreichen? Wenn Sie sich das positive Ergebnis vorstellen, wie Sie sich dann fühlen, was Sie sehen und erleben? Oder wenn Sie das Scheitern schon vorweg nehmen, die Hürden als unüberwindlich ansehen und sich das alles sowieso nicht zutrauen?

Dabei spielt auch der innere Dialog eine Rolle, die Sprache, die Sie sich selbst gegenüber einsetzen. Oft beschimpfen wir uns regelrecht: „Du Trampel, jetzt hast du alles wieder gelöscht!" Stattdessen könnten Sie auch sagen: „Gönn dir mal eine Pause, danach kannst du dich wieder besser konzentrieren."

Beobachten Sie einmal in solchen Situationen Ihren inneren Dialog und fragen Sie sich: „Würde ich so mit einer Mitarbeiterin oder einem Freund sprechen?"

So wie der Körper auf die Seele wirkt, beeinflusst auch Ihre Sprache Ihr Unterbewusstsein. Oft genügt ein kleiner sprachlicher Unterschied. Sagen Sie zum Stressabbauen nicht „Problem", sondern „Herausforderung". Sagen Sie anstelle von „Ich muss das heute noch fertig kriegen!" lieber „Ich kriege das heute noch fertig!" und schon richten Sie sich innerlich auf und motivieren sich. Auch hier gilt wieder: Ist mein Glas noch halb voll oder schon halb leer?

Stress-Symptome verbergen sich auch im Sprachgebrauch. Die nachfolgende Auflistung weist auf verschiedene Ausdrücke aus der Umgangssprache hin, die körperliche Reaktionen und Zusammenhänge bei Stress beschreiben. Die emotionale Sprache des Köpers heißt es nun wahrzunehmen, zu verstehen und auch zu nutzen.

Woher denken Sie, dass folgende Aussprüche kommen?

▶ Weiche Knie bekommen …
▶ Eine schwere Last tragen …
▶ Sich den Kopf zerbrechen …
▶ Die Nase voll haben …
▶ Nicht zu Potte kommen …
▶ Gänsehaut bekommen …
▶ Unter die Haut gehen …
▶ Kein Rückgrat zeigen …
▶ Viel um die Ohren haben …
▶ Sich grün und blau ärgern …
▶ Die Galle läuft über …
▶ etc.

Unser Unterbewusstsein hat die Tendenz, jeden Gedanken Wirklichkeit werden zu lassen. Daher ist es für die Stressregulierung von enormer Bedeutung.

Haben Sie sich schon einmal gefragt, warum Sie immer wieder in Ihrem Liebesleben an den gleichen Trottel gelangen? Oder warum Sie nie Glück haben?

Vielleicht liegt es an Ihrer Suggestion, Ihrer Botschaft an Ihr Unterbewusstsein. Wenn Sie immer wieder denken, ich will diesmal keinen Trottel, keinen Versager als Freund, so verankert sich Trottel und Versager in Ihrem Gehirn. Nun raten Sie mal, wer Ihnen bei Ihrem nächsten Clubbesuch über den Weg läuft? Natürlich der gleiche Typ Trottel!

Gleiches gilt in der Schule oder auf der Arbeit. Die Prüfung oder das Projekt schaffe ich nie. Sie können sicher sein, dass Sie durch die Prüfung rasseln und das Projekt nicht rechtzeitig beenden.

Wenn Sie immer noch tun, was Sie immer schon getan haben, dann wundern Sie sich nicht, dass Sie das bekommen, was Sie immer schon bekommen haben. Ändern Sie Ihre Gedanken in Positive.

Daher, weg mit den alten Sprachmustern. Formulieren Sie Ihre Botschaften positiv. Dabei gibt es drei wichtige Regeln.

1. Formulieren Sie Ihre Botschaften mit einfachen Worten. Vermeiden Sie Fremdworte und lange Sätze mit vielen Kommas und Zwischensätze. Gerade wir Deutsche neigen dazu, lange und komplizierte Sätze zu bilden.

   Wussten Sie, dass die 10 Gebote aus 279 Wörtern bestehen und dass der Text der amerikanischen Unabhängigkeitserklärung 300 Wörter umfasst?

   Dagegen besteht die europäische Verordnung für Karamellbonbons aus 25.911 Worten.

2. Ihre Botschaften sollten zudem immer in der Gegenwartsform verwendet werden. Sie wollen Ihre Worte ja jetzt umsetzen und nicht gestern oder morgen.

3. Weiter sollten Ihre Botschaften an das Unterbewusstsein immer positiv formuliert sein. Um bei den vorherigen Beispielen zu bleiben: „Ich finde einen tollen Partner, der positiv durch das Leben geht" oder „ich schaffe die Prüfung und mit dem Projekt werde ich rechtzeitig fertig". Anschließend belohnen Sie sich.

Ein weiteres sehr einprägsames Beispiel kommt wie immer aus der Automobilbranche. Sie wollen ein neues Auto kaufen. Sie schauen sich unzählige Prospekte an, fahren zum Autohaus und vereinbaren Probefahrten. Sie sind sich sicher, ein absolut für Sie zugeschnittenes Auto gekauft zu haben. So ein Auto haben Sie zuvor noch nie mit dieser Farbe und Ausstattung auf den Straßen gesehen.

Doch kaum sind Sie mit dem neuen Auto auf Deutschlands Straßen unterwegs, sehen Sie nur noch Ihr Auto, in der von Ihnen ausgesuchten Farbe und Ausstattung. Der Wunsch ist zuvor entstanden, da Sie unbewusst schon viele Autos dieser Art gesehen haben.

ERSTHELFER NR. 6 –
ICH SAGE NEIN „ABER HALLO!"

Es steht in jedem Management-Buch: ein Kapitel über das „Nein sagen". Dem Leser wird gesagt, wie er, nicht nur im Beruf, ohne andere zu verletzen, „Nein sagen" kann. „Nein sagen" kann, nein „Nein sagen" muss man heute erlernen. Meist haben wir aber Angst. Angst als nicht leistungsfähig, teamorientiert oder kollegial dazustehen. In der Regel stößt „Nein sagen" auf den Widerstand eines Freundes, Kollegen, Vorgesetzten oder Geschäftspartners. Dazu braucht es Mut und Verhandlungsgeschick.

Begeben Sie sich doch mal kurz in Gedanken zu Ihrem Lieblingsitaliener. Sie bestellen wie immer Ihre Lieblingsspeise: einen schönen, in Salzteig gebratenen Fisch. Giovanni bedient Sie wie eh und je immer korrekt. Nach kurzer Wartezeit serviert er Ihnen aber ein Schweineschnitzel, ohne etwas zu sagen. Was tun Sie? Essen Sie das Schnitzel, ohne etwas zu sagen? Nein ... Sehen Sie, „Nein sagen" ist doch gar nicht so schwer.

Die ersten Begegnungen mit dem Wörtchen Nein machte ich in der Gestalt meiner Eltern. Sie sagten Nein, wenn ich mit dem Essen spielen wollte, so schön dieses auch war. Sie sagten Nein, wenn ich den Finger in die Steckdose steckte, die heiße Herdplatte untersuchte oder auf dem Balkonsims kletterte.

Einige Zeit später erfuhr ich selbst die Wirkung des Wörtchens „Nein". Ich sammelte dabei die ersten Erfahrungen, wie meine Umwelt auf mein „Nein" reagierte.

Sehr oft lautete die Reaktion meiner Eltern auf das „Nein": „Wenn du dein Zimmer nicht aufräumst, bist du ein böser Junge". Mein „Nein" hatte also zumeist eine Strafe oder zu mindestens ein schlechtes Gewissen meinerseits zur Folge.

Da wir Menschen durch die Reaktionen der Umwelt lernen, wird ein Verhalten, das negative Reaktionen wie Tadel, Ablehnung oder Schläge nach sich zieht, mit der Zeit unterlassen.

Gerade in den jungen Jahren sind wir ausschließlich von unseren Eltern abhängig und können es uns nicht erlauben, deren Gunst zu verlieren. Verhalten und Taten hingegen, wofür wir gelobt werden, behalten wir. Sind wir erst einmal erwachsen, überprüfen wir unser über Jahre antrainiertes Verhalten meist nicht mehr. Wir bleiben mit der Einstellung zurück, dass es schlimme Konsequenzen haben würde, „Nein" zu sagen.

„Nein sagen" ist ein erlerntes Verhalten. Seien Sie aber beruhigt, es gibt wohl kaum einen Menschen, der es in absolut jeder Situation schafft, „Nein" zu sagen. Häufig erleichtern Ihnen aber Stress, Wut und Ärger das „Nein sagen".

„Nein sagen" in gestressten Situationen heißt aber nicht, sich einfach zu verweigern. sondern heißt auch Alternativen anzubieten, die für Sie die Belastung reduzierten. Die folgenden fünf Schritte helfen Ihnen, Ihren Stress zu verringern und zwar konstruktiv für alle Beteiligten.

1. *Zeigen Sie Verständnis*
   z. B. Ich verstehe, dass diese Aufgabe noch heute erledigt werden sollte.

2. *Sagen Sie klar und deutlich »Nein«*
   z. B. Es tut mir leid, ich kann nicht.....

3. *Begründen Sie Ihr Nein.*
   z. B. ... weil ich den Rest des Tages mit der Erstellung des Monatsabschlusses beschäftigt bin.

4. *Wenn Sie können, machen Sie einen Gegenvorschlag*
   z. B. ... kann nicht Herr Müller diese Aufgabe erledigen? Ich weiß, Herr Müller ist sehr zielstrebig und er sucht immer neue Herausforderungen.

5. *Bleiben Sie konsequent*
   z. B. Nein, ich kann das nicht persönlich übernehmen, sonst können wir den Monatsabschluss nicht rechtzeitig an das Finanzamt melden.

Nochmals ganz wichtig: Drücken Sie sich unbedingt klar aus und vermeiden Sie die sogenannte Grauzone. Männer fühlen sich in dieser Grauzone besonders wohl.

Wechseln Sie Formulierungen von „vielleicht sollten wir" in „ich möchte, mir gefällt, ich wünsche". Die Fähigkeit verantwortungsvoll „Nein" zu sagen, ist unterschiedlich entwickelt. Wer es zu oft unterlässt, auch mal „Nein" zu sagen, der übernimmt schnell mehr Aufgaben und fühlt sich dann oft überfordert. Unbehagen kommt auf. Ihre eigenen Bedürfnisse und Arbeiten bleiben unberücksichtigt und ggf. können die zugesagten Ergebnisse auch nicht geliefert werden.

Bedenken Sie dabei, dass Sie nicht jedermanns Liebling sein können. Lernen Sie verantwortungsvoll mit Zusagen umzugehen und ggf. auch mal „Nein" zu sagen.

Auch in der Partnerschaft gehört „Nein sagen" dazu. Ich persönlich höre lieber ein klares „Nein" als ein „Ich weiß nicht" um mir im Anschluss bewusst sein zu müssen, einen faulen Kompromiss geschlossen zu haben. Was ist besser: erhobenen Hauptes durch das Leben zu gehen oder als Waschlappen dazustehen?

Fangen Sie also mit üben an. Das können Sie an jeder Fleisch- und Wursttheke in Ihrem Supermarkt. Sie möchten 200 gr. Salami und nicht 222 gr. Üben Sie es einfach. Sagen Sie nein.

„Aber Hallo!"

Fast vergessen aber in Zeit von Krisen oder Problemen erinnert sich dieser alte Ausdruck neuer Lebenskraft. Dieser kleine aber bedeutende Satz beginnt mit der Konjunktion „Aber", ein Hinweis, dass es sich im darauf folgenden um eine starke Meinungsäußerung handelt, die keinen aber auch gar keinen Widerspruch duldet.

„Aber Hallo!" ist eine Kombination welche einerseits Kraft, Durchsetzungsvermögen, Kampfgeist und Wille zeigt und anderseits so etwas wie ein Weckruf ist. „Aber Hallo"! sollten Sie daher immer einsetzen, wenn Sie mit etwas nicht direkt einverstanden sind und Ihrem Gegenüber zum Nachdenken bewegen wollen.

„Nein sagen" und „aber Hallo!" gehören somit in jeden erste Hilfe Koffer. Probieren Sie es doch einfach sofort im nächsten Gespräch oder Meeting aus? Sie werden erstaunt sein über das Resultat.

Mehr als die Hälfte der Menschen in Deutschland ist einem Zeitungsbericht zufolge zu dick. Rund 67 Prozent der Männer und 53 Prozent der Frauen sind derzeit übergewichtig oder adipös, also krankhaft fettleibig, wie die „Saarbrücker Zeitung" unter Berufung auf eine Antwort der Bundesregierung auf eine Anfrage der Linksfraktion berichtete. Eine Ursache. Führungskräfte, Leistungsträger und Selbstständige haben demnach Ernährungsgewohnheiten, die alles andere als perfekt sind.

Gerade wenn wir in Arbeit versinken und Hektik den Tag bestimmt, wollen wir es uns wenigstens beim Essen gut gehen lassen. Was wir dann essen, soll uns für die Strapazen belohnen und neue Energie geben. Nur lässt sich unser Energiekonto nicht mit Pommes, Currywurst oder Schokoriegeln auffüllen. Was wir jetzt brauchen, soll uns unterstützen, nicht zusätzlich schwächen. Fast Food und Süßigkeiten führen diese Liste an. Natürlich ist es in Ordnung, sich auch hin und wieder mit Schokolade zu belohnen. Insgesamt muss bei unserer Ernährung aber die Qualität stimmen: Vollkorn statt Weißmehl und Obst statt Kuchen.

In Phasen mit viel Stress ist es besonders bedeutsam, die geeigneten Quellen für Kohlenhydrate auszuwählen. Sie sind der Brennstoff für alle Nervenzellen, die fast ausnahmslos hieraus ihre Energie beziehen. Damit eine dauerhafte Versorgung unseres Gehirns mit seinen 100 Milliarden Nervenzellen gewährleistet ist, müssen die Voraussetzungen für konstanten Energie-Nachschub erfüllt sein. Durch unsere Mahlzeiten entscheidet sich, ob dieser Vorgang gelingen kann. So genannte „schnelle" Kohlenhydrate aus Weißmehl, weißem Reis (außer Basmati), Kartoffeln und Süßigkeiten führen häufig erst zu einem schnellen Blutzuckeranstieg mit einem durch das Hormon Insulin nachfolgend ausgelöstem Unterzucker. Ist der Blutzuckerspiegel erst einmal im Keller, bekommen wir Hunger auf

Süßes und es folgt der Griff zu Schokoriegel und Co. beinahe unausweichlich.

Eine geeignete Präventiv-Strategie verhindert also schon die Entstehung des Unterzuckers. Wichtigster Baustein sind hierbei die „langsamen" Kohlenhydrate bzw. Kohlenhydrat-Quellen. Sie verhindern einen zu raschen Blutzuckeranstieg und sorgen für einen stabilen Blutzuckerspiegel. Vielleicht ist Ihnen der „glykämische Index (Glyx)" ein Begriff. Dieser beschreibt, wie sehr ein Nahrungsmittel mit Kohlenhydraten den Blutzucker erhöht.

Vereinfacht ausgedrückt wirken sich entweder Ballaststoffe (wie in Vollkorn) positiv auf den Glyx aus oder die Kombination aus Fett, Eiweiß und Kohlenhydraten wie sie beispielsweise in Hülsenfrüchten vorkommt.

„Schnelle" Kohlenhydrate haben noch einen weiteren Nachteil, der gerade im Akut-Stress besonders negativ ins Gewicht fällt: sie erhöhen zusätzlich den Level an Stresshormonen. Es steigt unter anderem die Menge an Cortisol im Blut. Unser Organismus wird durch das Cortisol überflüssigerweise zusätzlich aktiviert. Durch schnelle Kohlenhydrate und Dauer-Stress ist ständig zu viel von diesem Hormon im Blut mit vielen nachteiligen Auswirkungen: Neigung zu Infektionen, Vergrößerung des Risikos einer späteren Osteoporose und Aufbau von Bauch-Fett.

Der durch Stresshormone zu hohe Blutzucker kann übrigens jegliche Bemühung um eine Gewichtsreduktion zunichtemachen oder zumindest sehr erschweren.

Das Gehirn besitzt außerdem die Möglichkeit zur Regulierung seiner Energieversorgung. Um bei drohendem Unterzucker an genügend Energie in Form von Traubenzucker zu gelangen, aktiviert es selbst das Cortisol. Dieses hebt den Blutzuckerspiegel an. Mit der Cortisol-Ausschüttung ist aber auch ein verstärktes Stress-Empfinden verbunden.

Stress und Entzündung

Weitgehend unbekannt ist die entzündliche Wirkung von Dauer-Negativ-Stress. Während bei der kurzfristigen Stressreaktion anti-entzündliche Prozesse überwiegen, ändert sich das bei anhaltender Überforderung. Damit gehen Müdigkeit, verstärkte Schmerzwahrnehmung, Gedächtnisstörungen und depressive Verstimmungen bis hin zur Depression einher.

Umso wichtiger ist es, gerade in Zeiten großer Herausforderungen mit dem Essen einen Gegenpol zu schaffen. Die typische Ernährung der Bevölkerungsmehrheit wirkt nämlich sehr entzündungsfördernd.

Fast-Food, Fertigprodukte, Süßigkeiten und die falschen Fette tragen alle dazu bei und lassen das Risiko für Herzinfarkt, Schlaganfall und Krebs massiv ansteigen. Bestandteile einer entzündungshemmenden Ernährung sind Seefisch, Gewürze, Beeren und viel biologisch angebautes Obst und Gemüse. Gleichzeitig sollten Fleisch und Milchprodukte aus Massentierhaltung wie auch alle Zusatzstoffe (oft als E-Nummern in der Aufzählung der Inhaltsstoffe) gemieden werden.

Wichtige Nährstoffe

Um zu gewährleisten, dass Botenstoffe im Gehirn in adäquater Menge produziert werden, müssen wir ihre „Rohstoffe", die so genannten Aminosäuren (Eiweißbausteine) in ausreichender

Menge zusammen mit den Vitaminen C, B6, B12 und Folat (B9) sowie den Mineralstoffen Magnesium und Calcium aufnehmen.

Magnesium steht hierbei an der ersten Stelle. Magnesium gilt zugleich als das „Anti-Stress-Mineral". Die Begründung dafür liegt darin, dass durch Stress die Hormone Adrenalin und Noradrenalin in die Blutbahn ausgeschüttet werden.

Bei diesem Vorgang wird das Magnesium aus den Körperzellen gedrängt, woraus eine Gefährdung des Herzen und des Kreislaufes entsteht. Magnesium finden Sie besonders umfangreich in Bananen, Tomaten, Salaten und Vollkorngetreide

Eine sehr wichtige Aminosäure ist Tryptophan. Vielleicht kennen Sie noch Omas Einschlafrezept: warme Milch mit Honig. In der Milch enthalten ist genau dieses Tryptophan. Der Honig (mit seiner resultierenden Insulin-Ausschüttung) hilft, dass es besser ins Gehirn gelangt, wo es zum Botenstoff Serotonin umgewandelt wird. Dieses Serotonin ist ganz entscheidend für unser Wohlbefinden. Bei Dauerstress sinkt seine Konzentration deutlich, eine gute Versorgung mit Tryptophan ist gerade dann Pflicht. Die besten Quellen sind: Cashewkerne, Bananen (beide zusammen ergeben eine optimale Zwischenmahlzeit), Ananas, Papaya, Feigen, Avocado, Sojaprodukte, Käse, Fleisch und Eier.

Wenn Sie unter Schlafstörungen leiden, kann 5-HTP, eine Tryptophan-Variante, meist ebenso gut helfen wie chemisch-synthetische Medikamente. Sie bekommen es in der Apotheke.

In der traditionellen Medizin verschiedener asiatischer Länder sind Pflanzen bzw. Pflanzen-Extrakte zur Stärkung des Organismus bei Erschöpfungszuständen seit jeher bekannt. Man bezeichnet sie auch als „Adaptogene". Am bekanntesten ist hier vielleicht der Ginseng und neuerdings auch Rhodiola Rosea. Die auch „arktische Wurzel" genannte Pflanze scheint bei akutem Stress dem Ginseng sogar überlegen zu sein. Sie besitzt noch viele weitere wertvolle Eigenschaften und ist ebenfalls in der Apotheke zu bekommen.

Smart Cuisine für Stressgeplagte:

Regelmäßige Mahlzeiten (regelmäßig heißt nicht dauernd) bringen Struktur in Ihren Tag; hier haben Sie Gelegenheit, sich zu entspannen: essen Sie im Sitzen und mit ausreichendem Kauen.

Frühstücken Sie. Versorgen Sie das Gehirn gleich am Morgen mit der notwendigen Energie. So kommen Sie besser in den Tag und sind konzentriert bis zum Mittagessen. Beispiele für ein geeignetes Frühstück finden Sie auf der nächsten Seite.

Wichtig: keine „Cerealien"; diese sind völlig ungeeignet wegen des vielen Zuckers.

Obst dagegen liefert die geeigneten Kohlenhydrate in idealer Weise. Essen Sie so wenig wie möglich Weißmehlprodukte, sondern genießen Sie ein Vollkornbrot.

Kombinieren Sie Obst/Vollkorn mit Nüssen oder Kernen. In dieser Kombination („gute" Kohlenhydrate + „gute" Fette + Eiweiß) wird der Blutzuckerspiegel hervorragend stabilisiert. Eine solche Kombination ist generell erstrebenswert beim Essen.

Natürlich trinken Sie genügend Wasser. Abhängig vom Flüssigkeitsgehalt Ihres Essens sind meist zwischen 1,5 und 2,5 l empfehlenswert. Neueste Studien gehen davon aus, dass der Mensch pro Tag 0,04 l Wasser pro Kilogramm Körpergewicht trinken sollte. Bei 50 Kilogramm Körpergewicht, macht das 2 Liter, bei 75 kg 3 Liter, bei 100 kg 4 Liter u.s.w. Vermeiden Sie zusätzlich alle zuckerhaltigen Getränke. Auch die mit Süßstoffen hergestellte.

Unterstützen Sie den Gehirn-Stoffwechsel durch Omega-3-Fettsäuren, ein gutes Multi-Vitamin-Präparat und Magnesium (geeignete Präparate erfragen Sie bitte bei spezialisierten Apotheken oder bei orthomolekular ausgebildeten Ärzten oder Heilpraktikern).

Klug frühstücken – besser arbeiten

„Das bessere Müsli"

1 Hand voll Nüsse oder Kerne

250 ml Naturjoghurt oder Soja-Reis-Milch

1 Stück Obst

50 g Amarant gepoppt (ist Gluten-frei) oder Haferflocken

zusätzlich 1 Stück Gemüse

➔ wenn es schnell gehen muss oder Sie Frühstücksmuffel sind: einfach in den Mixer (ohne Gemüse) und löffeln bzw. trinken.

oder ein warmes Frühstück

2 bis 4 Bio-Eier (max. 2 Eigelb verwenden wegen der enthaltenen Arachidonsäure, einer entzündungsfördernden Fettsäure; das Cholesterin im Ei spielt aus verschiedenen Gründen für 99 Prozent der Menschen keine Rolle)

Zucchini und/oder Lauch und/oder dunkle Champignons in dünne Scheiben schneiden

➔ als Omelett zubereiten, dazu 1 bis 2 Vollkornbrote und je nach Appetit 1 Stück Obst hinterher

Bei beiden Arten von Frühstück werden Kohlenhydrate, Fett und Eiweiß in einer Mischung aufgenommen, die für einen konstanten Blutzuckerspiegel sorgt.

Ein paar tolle Stressrezepte haben wir für Sie am Ende dieses Buches beschrieben. Probieren Sie diese Rezepte einfach mal mit Ihrem Partner aus. Auch das gemeinsame Kochen kann Stress reduzieren.

Ein Artikel in SZ Wissen machte mich vor kurzem aufmerksam:

„Zucker beeinträchtigt bei Stress das Gedächtnis!
Ein Überangebot an Zucker setzt bei Stress über die Hirnanhangdrüse das Hormon Cortisol frei. Das ist gut bei Fluchtreaktion oder Angriff, aber schlecht für Gedächtnisleistungen", so der zitierte Biopsychologe Clemens Kirschbaum.

Er wies nach, dass die Denkleistung bei Süß-Frühstückern in Stress-Situationen niedriger war und sie sich bis zu 50 Prozent weniger Wörter merken konnten als die Kontrollgruppe der Salz-Frühstücker. Weiter noch: Wer mehr Zucker zu sich nimmt, schüttet in Stress-Situationen auch mehr gesundheitsschädliches Cortisol aus. Stress ist also für diejenigen gefährlicher, die zu süß frühstücken.

Weiter wichtig:

Sehr effektiv gegen Stress ist zudem das Vitamin C. Der Verlust von Vitamin C macht sich in einer Schwächung der Immunabwehr bemerkbar. In Zahlen ausgedrückt bedeutet dies, dass 30 Minuten Stress für einen Verlust von 600 bis 700 Milligramm Vitamin C sorgen. Um gegen den Stress anzukämpfen, sollte man deshalb möglichst viel Kohlgemüse, Orangen, Mandarinen, Kiwis und Paprikaschoten essen.

ERSTHELFER NR. 8 – ICH TREIBE REGELMÄßIG SPORT

Wenn unsere steinzeitlichen Vorfahren einem Säbelzahntiger über den Weg liefen, wurden sie innerhalb weniger Millisekunden durch unser Stress-System auf Kämpfen oder Fliehen vorbereitet. Auch wenn wir es heute nicht mehr mit wilden Tieren zu tun haben, werden durch Termindruck oder Ärger mit dem Partner, dem Chef oder einem Mitarbeiter die gleichen Reaktionen hervorgerufen. Es handelt sich dabei nicht um lebensbedrohliche Ereignisse, aber in ihrer Summe sind sie ebenfalls bedeutsam.

Während vor 50.000 Jahren die aufgestauten Hormone und die vermehrt bereit gestellte Energie in Form von Zucker und Fetten im Blut durch Aktivität (Kampf oder Flucht) abgebaut wurden, unterbleibt dieser Vorgang heute meist.

Die mentale Spannung verkörpert (!) sich dann in Verspannungen des Nackens und Rückens. Viele Rückenbeschwerden sind bekanntlich psychosomatisch, entspringen also einer emotionalen Belastung. Regelmäßige Bewegung ist die beste Möglichkeit, hier entgegen zu wirken. Vermeiden Sie aber bitte eine Vorbereitung auf den Marathon oder ähnliches, wenn Sie viel zu tun haben. Neben der Höchstleistung im Beruf auch noch im Sport alles geben zu wollen, leert das Energiekonto auf Dauer.

„Der Körper braucht aktiven Ausgleich zur Alltagshektik", so Uwe Dresel, Sportexperte der DAK. „Sport hilft, Stress besser zu bewältigen".

Gesunde Bewegung und Sport sind wirksame Beiträge, um mit Stress umzugehen. Bewegung baut die Stresshormone Adrenalin und Cortisol sowie Spannungen ab und macht resistenter gegen Stress. Außerdem fördert es das Glücks- und Selbstwertgefühl im Körper. Dabei ist es wichtig, eine Form der Bewegung zu wählen, die nicht noch zusätzlichen Stress verursacht. Wählen Sie daher eine Sportart, die Ihnen Spaß macht oder welche Sie immer und überall ausüben können.

Dies bringt nicht nur mehr Elan, es verringert sogar depressive Verstimmungen. Das Training sollte moderat starten und regelmäßig sein. „Am besten ist es als Ritual in den Alltag einzufügen", rät Dresel. Aerobes Herz-Kreislauf-Training ist genau das richtige. Das bedeutet Ausdauertraining unter Verbrennung von Sauerstoff.

Dreimal 30 bis 40 Minuten pro Woche reichen aus. Es kommt nicht auf die Schnelligkeit an, sondern auf die kontinuierliche Bewegung. Aber achten Sie dabei auf Ihren Körper. Auspowern bis zur Erschöpfung ist eher ein Betäubungsverhalten und führt nicht zum gewünschten Erholungszustand. Also für Ungeübte lieber dreimal pro Woche einen satten Spaziergang von 30 Minuten als einmal 90 Minuten Joggen.

Viele Unternehmen haben das bereits erkannt und erlauben Ihren Mitarbeitern sogar während der Arbeitszeit Sport zu treiben. Immer mehr und mehr Unternehmen investieren sogar in ein betriebliches Gesundheitsmanagement und haben Verträge mit Fitnesscoaches und Sportzentren geschlossen. Für wen das zu viel ist, der kann mit täglichem Treppensteigen beginnen. Etwas Lustiges habe ich dazu aus Frankreich gehört. Dort hat die Geschäftsführung eines mittelständigen Unternehmens ihren Mitarbeitern Schrittzähler verordnet. Am Ende der Arbeitswoche muss somit eine gewisse Anzahl von Schritten auf dem Schrittzähler ersichtlich sein. Sollte das nicht der Fall sein, so steht am Freitagabend ein Fitnesscoach bereit und läuft mit den Mitarbeitern die fehlenden Schritte ab. Diese Idee gefällt mir.

Stress setzt unheimlich viel Energie frei, die Sie im Alltag im Büro oder in der Wohnung oft nicht loswerden. Deshalb ist Bewegung ein gutes Ventil, um diese Energie abzuleiten. Erst dann ist eine echte Entspannung möglich. Sorgen Sie für Bewegung: Gerade in Stresszeiten glauben die meisten Menschen,

dass sie keine Zeit und Energie für Sport oder Bewegung auf-
bringen können. Sie sind über jeden Augenblick froh, in dem sie
mal Ruhe haben. Ein schlimmer Irrtum. Gerade in Stresszeiten
brauchen Sie Bewegung ganz besonders, um Ihre angestauten
Stresshormone wieder loszuwerden.

❗ Tipp:

> Wenn Sie in einem Büro arbeiten und überwiegend am Computer
> sitzen, machen Sie es sich zur Gewohnheit, nach dem Abschluss
> jeder Tätigkeit (Brief schreiben, Telefonate etc.) aufzustehen.
>
> Dehnen und strecken Sie sich, schütteln Sie die Hände aus,
> und gehen Sie einige Schritte. Wenn es Ihnen schwer fällt, ans
> Aufstehen zu denken, kleben Sie sich ein Post-It auf den Bildschirm,
> auf dem „Aufstehen"! oder eine ähnliche Aufforderung steht. Oder
> richten Sie per Outlook einen Timer ein, der mindestens einmal
> pro Stunde diese Aufforderung anzeigt. Stehen Sie dann aber auch
> wirklich auf. Durch die Bewegung kommt der Kreislauf in Schwung,
> was sich auf Ihre geistige Verfassung auswirkt.

„Ja, ich müsste mehr Sport treiben", werden Sie jetzt sagen.
So ging es mir auch oft. Ein leidiges Thema, dass unser innerer Schweinehund steuert. Doch Bewegung heißt nicht immer
gleich Sport. Bewegung kann auch Spaß machen! Tipp: Verbinden Sie daher Bewegung und Sport. Das könnte z.B. Wandern
sein oder einfach nur zur nächsten Bushaltestelle laufen (An-
merkungen des Autors: Das geht wohl nicht immer in ländli-
chen Gemeinden). Auch Gartenarbeit ist gesund, da Sie sich an
der frischen Luft bewegen und schöpferisch tätig sind. Oder
sogar Skatspielen ist besser, als zu Hause vor dem Fernseher
zu sitzen oder gar zu liegen. Denn wenn wir unsere Körperteile nicht bewegen, reduziert sich dort die Durchblutung, und
die Gelenke degenerieren. Gelenke müssen bewegt werden, damit man sie langfristig behält. Ich rate meinen Klienten auch
gerne zum Tanzen, denn beim Tanzen sind Koordination und

Synchronisation gefordert, die Gelenke werden bewegt, man kommt ins Schwitzen, muss das Gleichgewicht halten, braucht Ausdauer und Reaktion. Und es macht Spaß, vor allem wenn man seiner Tanzpartnerin öfters auf dem Fuß steht.

Yoga nicht nur für gelangweilte Hausfrauen?

Wussten Sie übrigens, dass jede sechste deutsche Führungskraft Yoga praktiziert oder gar meditiert?

Zwei Drittel betreiben dieses sogar regelmäßig? Auch ich habe mich lange dagegen gesträubt und hatte das Vorurteil, Yoga, Qi Gong oder Meditation sei nur etwas für gelangweilte Hausfrauen, Aussteiger oder Ökofreaks. Ebenfalls dachte ich, dass man Yoga nicht nach dem erreichten vierzigsten Lebensjahr beginnen sollte. Also ab ins Kloster mit mir und Yoga intensiv. Ich musste mich eines Besseren belehren lassen. Erstaunt war ich, dass ich nicht der einzige Manager im Kloster war, der sich dazu mitreißen lies, Yoga mal auszuprobieren. Gut die Hälfte der Teilnehmer bekleideten Führungspositionen zum Teil sogar in namhaften Industrieunternehmen. Also fragte ich nach der Hauptmotivation Ihres Besinnungswandels: Förderung der Gesundheit und aktiver Stressabbau waren die Hauptantworten.

Wenn das also kein Signal dafür ist, dass die sonst immer so belächelten weichen Sportarten, welche Körper und Geist ansprechen, in der heutigen Berufswelt immer wichtiger werden. Nachfolgend drei Beispiele.

Was ist Yoga überhaupt?

Yoga ist eine indische philosophische Lehre, die eine Reihe geistiger und körperlicher Übungen umfasst.

Der Begriff Yoga kann sowohl als „Vereinigung" oder „Integration" als auch im Sinne von „Anschirren" und „Anspannen" des Körpers an die Seele zur Sammlung und Konzentration verstanden werden. Yoga ist eine der sechs klassischen Schulen der indischen Philosophie. Es gibt viele verschiedene Formen des Yoga, oft mit einer eigenen Philosophie und Praxis. In Westeuropa und Nordamerika denkt man bei dem Begriff Yoga oft nur an körperliche Übungen. Einige meditative Formen von Yoga legen ihren Schwerpunkt auf die geistige Konzentration, andere mehr auf körperliche Übungen und Positionen und Atemübungen.

Oft bringt Yoga eine physische Herausforderung, psychische Entspannung und Losgelöstheit mit sich. Yoga ist für jede Altersklasse und jedes Trainingslevel geeignet.

Sie brauchen ausschließlich Interesse an einer symbiotischen Zusammenarbeit zwischen Körper und Geist, wo wir wieder bei der Stressregulierung sind. Bequeme Kleidung sollte immer bei jeder Yoga-Übung gewählt werden.

Starten Sie mit einem Yoga Basis-Kurs. Meist beinhaltet dieser die beiden Sonnengrüße mit korrekter Atemtechnik. Bei regelmäßiger Anwendung, auch nach dem Training, werden sich eine gesunde und bewegliche Wirbelsäule sowie ein rundum angenehmes Körpergefühl relativ bald einstellen.

Was ist Meditation?

Komisch im Schneidersitz verweilen, Finger zusammendrücken und Ohmmm summen, so die verbreitete Meinung.

Sicher ist Ihnen bereits aufgefallen, wie viele Ihrer täglichen Aufgaben Sie automatisch tun, ohne überhaupt nachzudenken. Beste Beispiele sind das Autofahren oder das Zähneputzen. Sie steigen in Ihr Auto und fahren los und Sie stehen vor dem Badezimmerspiegel und putzen Ihre Zähne.

Mit den Jahren Ihrer Fahrpraxis ist Ihnen praktisch in Fleisch und Blut übergegangen, welchen Gang Sie wählen müssen. Wann ist die Kupplung zu betätigen? Welche der unzähligen Schalter müssen Sie drehen oder drücken, damit Sie endlich losfahren können. Oder überlegen Sie noch beim Zähneputzen, dass Sie erst die Zahnpastatube aufdrehen, die Bürste unter den Wasserstrahl halten, die Zahnpaste dann auf die Zahnbürste streichen, um dann endlich mit dem Zähneputzen zu beginnen?

Nein, vieles im täglichen Gebrauch, sei es in der Berufswelt oder im Privaten hat sich auf sonderbare Weise verselbstständigt bzw. automatisiert.

Wir, also Sie und ich erledigen tagtäglich immer mehr und immer mehr gleichzeitig. Multitasking nennen wir das heute, ein Zauberwort welches schon mehrmals in diesem Büchlein genannt wurde. Wichtig ist es aber, sich bewusst zu machen, dass je weniger wir über die einzelnen Tätigkeiten nachdenken, desto mehr können wir anscheinend gleichzeitig tun.

Dass wir damit auf Dauer unseren Körper und den Geist überfordern, das wissen wir meistens erst, wenn wir wieder mal in der Stressspirale gefangen sind. Hier kann uns Meditation helfen, also das bewusste Verweilen der Sinne in einem Augenblick. Die Konzentration auf etwas, das uns wieder Freude und Lebensenergie bietet.

Keine Angst, Sie müssen sich nicht in die Hände eines Meditationsgurus begeben, Sie können es ganz für sich alleine tun, sie müssen sich nur der Tatsache bewusst sein und es auch wollen.

➕ ÜBUNG:

> Bauen Sie das bewusste Innehalten in Ihren tagtäglichen Ablauf ein. Zum Beispiel beim Gehen. Beginnen Sie mit einer Strecke, die zu Ihrem Alltag gehört. Das kann der Weg zur U-Bahn, der Weg vom Parkplatz zum Büro oder der Weg zum Supermarkt sein.

> Richten Sie dabei Ihre ganzen Gedanken vollständig auf die Bewegung des Gehens. Achten Sie auf die Länge Ihrer Schritte. Sind diese kurz oder lang? Spüren Sie, wie Sie Ihre Füße aufsetzen, mit dem Vorderfuß, mit der Seite oder mit dem Ballen. Wie verlagern Sie Ihr Gewicht?

> Nehmen Sie diese Bewegungen einfach nur wahr, bewerten Sie diese Bewegungen und automatisierten Abläufe nicht. Automatisieren Sie die Abläufe nicht und versuchen Sie auch nicht, die Bewegung zu beeinflussen. Hier genau setzt Meditation an. Sie lenken die volle Aufmerksamkeit auf den Augenblick. Haben Sie jetzt daran gedacht, dass Sie gestresst sind? Sicherlich nicht, denn Ihre Gedanken waren ja beim Gehen

Nicht nur Studien beweisen mittlerweile, dass Bewegung Stress abbaut. Sehr viele Menschen haben erkannt, dass besonders Gehen, Nordic Walking und Joggen entspannend wirkt und Stress abbaut. Man kommt leicht in eine Art Lauftrance.

Der Rhythmus der Schritte sowie die Konzentration auf das richtige Atmen lässt Sie innerlich zur Ruhe kommen. Es fördert die Konzentration einerseits und die Entspannung andererseits. Durch die Achtsamkeit und durch die Koordination der Bewegungen und Atmung lernen Sie, Ihre Gedanken so zu bündeln, dass sie Stress abbauen.

Golfen Sie schon oder haben Sie noch Sex?

„Golf ist doch gar kein Sport" so die Aussagen vieler Menschen. Doch Sportmediziner überzeugen uns vom Gegenteil. Die Zahl der Golfsportler steigt ständig und der Golfsport hat schon längst das „Alt-Herren-Image" abgelegt.

Golf ist für Kreislauf, Herz und Konzentration eine ideale Belastung. Der Golfspieler muss sich auf den Punkt des Abschlages konzentrieren, tut er dieses nicht, trifft er nie und nimmer den kleinen Ball. Diese Konzentration auf den Punkt baut Stress ab. Es ist aber nicht nur der Gedanke, der den Ausschlag für einen gelungenen Abschlag gibt, sondern es ist auch bei vielen Menschen die soziale Komponente, die besonders beim Golfsport reizt. Warum?

Golf bedeutet zumeist, mit einem oder bis zu drei Partnern die Schönheit der Natur zu genießen und Zeit der Ruhe, abseits von Hektik und Alltagsstress, zu verbringen.

Leider habe ich allzu oft Golfspieler gesehen und erlebt, die genau das Gegenteil, nämlich Stress und Hektik pur auf dem

Golfplatz verbreiten. Diese mitspielenden Kollegen haben anscheinend noch nicht den Sinn dieses Sports erklärt bekommen und sollten vielleicht einmal in meine Stresspräventionstrainings kommen.

Egal wo man auf dieser Erde Golf spielt, eins haben alle Golfplätze dieser Welt gemeinsam. Natur pur. Ob man nun lieber im Bergpanorama spielt, mit Meerblick oder ob man einfach nur das kräftige Grün der irischen Insel genießt. Und bezüglich des Sportcharakters: Wo tragen Sie in der Regel 15 kg Gepäck mit sich herum, sind 4-5 Stunden an der frischen Luft und legen in der Regel zwischen 10 und 12 Kilometer zurück? Auf dem Golfplatz zum Beispiel. Vielleicht finden Sie mit Hilfe dieser Anregungen einen ganz neuen Bewegungsansatz mit Spaßfaktor. Wichtig ist nicht, welchen Sport sie ausüben, wichtig ist, dass sie Sport ausüben und wenn es geht regelmäßig. Denken Sie doch mal in Ihre Kindheit zurück, an den Schulsport. Nicht umsonst ist Sport in manchen Schulen auch als Hauptfach anerkannt. Waren Sie in Ihrer Kindheit auch in einem Sportverein? Haben Sie vielleicht Fußball, Handball oder Tennis gespielt?

Und heute, darf ich Ihr Sportprogramm für diese Woche erfahren? Erarbeiten Sie hier für sich eine Sportwoche. **15 Minuten pro Tag genügen.**

Montag:

Dienstag:

Mittwoch:

Donnerstag:

Freitag:

Samstag:

Sonntag:

Halten Sie diese Bewegungsaktivitäten eine Woche durch, sind Sie der Stressbewältigung einen großen Schritt näher gekommen. Schon ab der zweiten Übungswoche werden Sie es vermissen, wenn Sie einmal an einem Tag keinen Sport gemacht haben. Ihr Schweinehund lässt grüßen.

ERSTHELFER NR. 9 – ICH SETZE PRIORITÄTEN

Sie stehen immer unter Strom und fühlen sich gestresst? Verantwortlich dafür ist oft das viel gepriesene Multitasking: Die Mutter, die gleichzeitig kocht, Vokabeln abfragt und beim Basteln hilft. Der Manager, der während des Telefonierens seine Mails checkt und nebenbei Briefe unterschreibt und das nächste Meeting vorbereitet. Dahinter steht der Anspruch, die verfügbare Zeit optimal auszunutzen. Doch Zeit hat man nur, wenn man sich auch die Zeit nimmt. Übrigens neue Studien aus den USA haben kürzlich belegt, Multitasking ist produktivitätssenkend.

Prioritäten sorgen dafür, dass Sie wissen, auf welche Aufgaben Sie sich jetzt konzentrieren und wie Sie Ihre verfügbaren Kräfte kurzfristig und zielorientiert einsetzen. Überlegen Sie: Was ist wirklich wichtig? Was ist dringend? Was ist zeitlich terminiert und muss bald erledigt werden? Konzentrieren Sie sich erst einmal auf die Aufgaben, die sowohl wichtig und auch dringend sind. Vor allem unterscheiden Sie nicht zwischen Job und Familie. Beides gehört heute zusammen und eine einzelne Betrachtung ist heute nicht mehr zulässig.

Schaffen Sie Ordnung und Überblick bei der Arbeit: Die Ursachen für Stress und Müdigkeit können auch aus der Unsicherheit entstehen, die aus einem Mangel an Überblick resultiert. Halten Sie deshalb Ordnung. Sorgen Sie dafür, dass Ihr Arbeitsplatz übersichtlich ist, Sie alles finden, sich jeweils nur mit einem Vorgang beschäftigten und so den Überblick für die nächsten Aufgaben behalten können.

Um Stress zu vermeiden, bedarf es einer gründlichen Vorbereitung. Dies gilt für Ihren Beruf, aber auch für Ihr Privatleben. Sorgen Sie dafür, dass Sie die Kenntnisse und Fertigkeiten haben, die Sie bei Ihrer Arbeit brauchen. Wenn Sie wissen, dass Sie einen harten Arbeitstag vor sich haben und sich mental darauf einstellen, werden Sie weit weniger gestresst sein. Eine mangelnde Ausbildung ist ebenfalls ein wesentlicher Stressfaktor. Wenn Sie meinen, dass das auch auf Sie zutrifft, dann tun Sie jetzt etwas dagegen.

Um Stress zu reduzieren und damit seine eigene Arbeit und sein Leben in den Griff zu bekommen, unterscheidet man heute vier Wege:

▶ das *Zeitmanagement*, mit dem man die Arbeit in passende Zeitintervalle zerlegt;

▶ das *Reizmanagement,* mit dem man Störreize zu reduzieren oder zu kanalisieren versucht;

▶ das *Erregungsmanagement,* das die vegetative Reaktion auf Stressoren zu mindern sucht;

▶ das *Belästigungsmanagement,* mit dem man die subjektive Bewertung von Stressoren ändern will.

Drei praktische Tipps dazu:

In einem Stau ballen sich nicht nur Autos, sondern auch negative Emotionen: Man fühlt sich gefangen, umzingelt von Konkurrenten und hat Angst, nicht mehr rechtzeitig oder gar ans Ziel zu kommen. Laufen Sie nicht vor Ärger ständig innerlich auf Hochtouren, sondern lehnen Sie sich zurück, hören Sie entspannende Musik oder ein informatives Hörbuch. Oder nutzen Sie die Zeit für ein intensives Gespräch mit Ihrem Partner oder für Spiele mit Ihren Kindern, wenn sie mit an Bord sind. Weiter erledige ich zum Beispiel die ungeliebten Aufgaben am Morgen.

Ich prüfe immer zuerst, ob ich die anstehenden Aufgaben wirklich selbst erledigen muss oder ob ich diese Aufgabe an einen Kollegen oder Mitarbeiter delegieren kann. Daher beginne ich am Morgen mit den Aufgaben, die ich am wenigsten gerne mache. Am Morgen haben ich und wahrscheinlich auch Sie (es sei denn, Sie haben am Vorabend einen Junggesellenabschied gefeiert) die meiste Energie. Zudem habe ich dann auch den Kopf frei für weitere Projekte und Kreativität.

Nach dem Mittagessen sackt normalerweise das körperliche und geistige Leistungsvermögen ab. Wenn ich mich bis dahin vor den ungeliebten Aufgaben gedrückt habe, habe ich es doppelt so schwer und verschiebe diese Aufgabe meistens auf den nächsten Morgen. Morgen dann wieder auf den nächsten Morgen und so weiter. Dieses erinnert mich immer wieder an ein Pub in Irland. Dort stand groß über der Eingangstür: Morgen gibt es Freibier! Als ich am nächsten Tag wieder ins Pub kam hing das Schild immer noch da. Ja, morgen gibt's Freibier.

Auch hier begrüßt mich daher mein innerer Schweinehund.

Dringend / nicht dringend – wichtig / nicht wichtig

Anbei eine kleine grafische Hilfe, wie Sie ohne große Probleme Prioritäten setzen. Schauen Sie sich folgende Grafik einmal in Ruhe an und lassen Sie diese auf sich wirken.

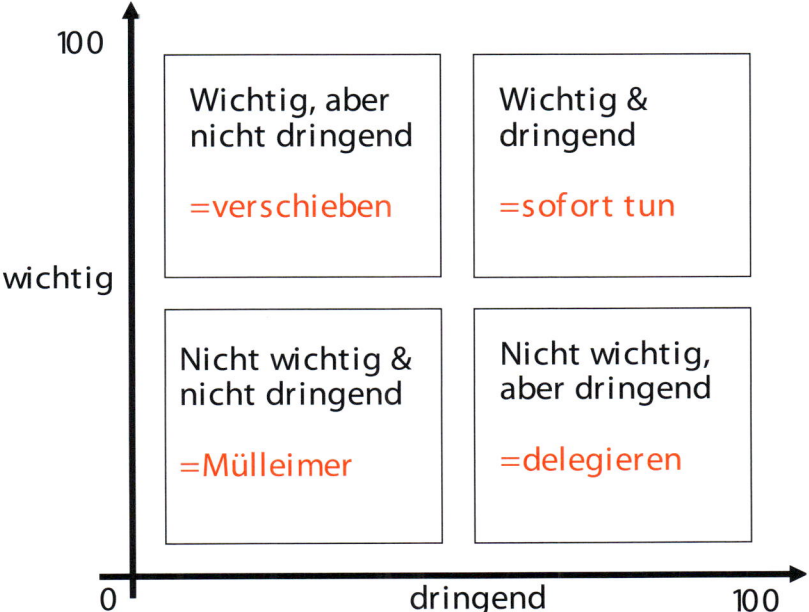

Sie haben sicher diese Grafik verstanden. Fragen Sie sich daher immer, ob die Aufgabe, welche Sie nun tun müssen, sei es beruflich oder privat, für Sie wichtig, nicht wichtig, dringend oder nicht dringend ist. Handeln Sie auch danach.

➕ ÜBUNG:

Beginnen Sie am besten gleich damit und sortieren Sie Ihre Aufgaben in folgende 4 Kategorien:

1. Nicht wichtig und nicht dringend

2. Nicht wichtig, aber dringend

3. Wichtig, aber nicht dringend

4. Wichtig und dringend

Und nun handeln Sie. Verschieben, delegieren oder tun Sie diese Aufgabe einfach. Sie sehen, Prioritäten setzen ist doch gar nicht so schwer.

ERSTHELFER NR. 10 –
ICH SCHLAFE AUSREICHEND

Wer morgens gut ausgeschlafen aufwacht, geht ausgeruht und mit mehr Energie in den Tag. Doch wie viel Schlaf brauchen wir? Sechs, sieben oder acht Stunden? Es gibt hierfür keine festen Regeln. Für gesunden und erholsamen Schlaf ist ein förderliches Umfeld unverzichtbar. Die richtige Temperatur, Beleuchtung und Ruhe machen den Schlaf angenehm. Idealerweise sollten Sie sich eine Schlafroutine aneignen, also zur gleichen Zeit ins Bett gehen und zur gleichen Zeit aufstehen. Ihre innere Uhr stabilisiert sich und Sie schlafen viel entspannter.

Allerdings ist es gerade in stressigen Zeiten schwieriger, gut zu schlafen. Zum ohnehin bestehenden Druck kommt dann noch der Stress der unbefriedigenden Nachtruhe hinzu. Sei es, dass es nicht gelingen will, einzuschlafen, sei es, dass man nachts häufig aufwacht oder morgens schon in aller Herrgottsfrühe wach wird.

Ausgerechnet dann, wenn Erholung besonders wichtig wäre, klappt es nicht mit ruhigem Schlaf. Mangelnder Schlaf ist bei allen Störfällen des Körpers eine mögliche Quelle des Übels. Und gerade für Menschen in stressigen Jobs ist Schlafmangel häufig als Problem vorhanden.

Die Begleit- und Folgeerkrankungen bei stressbedingten Schlafstörungen sind nach neuesten Erkenntnissen viel gravierender als bisher angenommen. Das „Deutsche Zentrum für erholsames Schlafen" und die „Arbeitsgemeinschaft der wissenschaftlich-medizinischen Fachgesellschaften", die die Leitlinien der deutschen Schlafforschung und Schlafmedizin (DGSM) erarbeitet hat, führt auf, dass nichterholsamer Schlaf zu Erkrankungen führen kann.

Die Folgen dieser Schlafstörungen, oft verursacht durch dauerhaften negativen Stress und dem dadurch bedingtem falschen Liegen führen zudem zu dauernder Leistungsschwäche, daraus abgeleitet Arbeitslosigkeit und Frühberentung.

Mit diesen einschneidenden Folgen ist die Liste der Beeinträchtigungen jedoch noch nicht abgeschlossen. Wir müssen uns Folgendes vor Augen führen:

Störfaktoren beim Schlafen und falsches Liegen führen zu Durchblutungsstörungen aller Art. Diese wiederum führen direkt zu Muskelverspannungen und darüber zu Rückenschmerzen entlang der gesamten Wirbelsäule, Kopfschmerzen, Ischiasschmerzen sowie Gelenkschmerzen. Durch die oftmalige Unterbrechung des Lymphflusses ist der Schlackenabbau während des Schlafes gemindert. Dies führt vielfach zur Beschwerdeverstärkung bei Rheuma, aber auch zu einer erhöhten Allergieempfindlichkeit.

Wenn die Bandscheiben sich in der Nacht nicht regenerieren können, stehen sie am nächsten Tag nicht mehr als Puffer zwischen den einzelnen Wirbeln in dem Maße zur Verfügung, wie es wünschenswert ist. Bandscheibenvorfälle sind vielfach die Folge eines falschen Schlafverhaltens basierend auf zu viel negativem Stress. Schlafdefizite zeigen starke Einschränkungen in der Flexibilität und in der Urteilsfähigkeit. Autofahrer zeigen bei entsprechenden Schlafdefiziten Reaktionen, die vergleichbar mit 1,0 Promille Alkohol im Blut sind.

Seit 2007 gibt es die Anlage Nr. 4 zur Fahrerlaubnisverordnung. Die besagt: Bei unbehandelten Schlafstörungen mit Tagesschläfrigkeit ist keine Eignung zur Teilnahme am Straßenverkehr gegeben. Diese Verordnung wurde verabschiedet, weil rund 25 Prozent aller Unfälle auf deutschen Straßen durch Sekundenschlaf entstehen.

Wenn die Menschen eine schwindende Leistungsfähigkeit erkennen und permanente Schwäche fühlen, werden sie nicht nur reizbar, sondern fallen oftmals in depressive Stimmungen. Für das menschliche Miteinander ist dies tragisch und wenn beruflich Fehl- und Minderleistung hinzukommt, bricht oftmals das Selbstwertgefühl ein. Schlaf ist auch für den körpereigenen Reparaturmechanismus dringend notwendig. Wenn der Schlaf schlecht oder eingeschränkt ist, werden weniger Hormone produziert, die die Haut regenerieren. Diese Hormone sind auch wichtig für den Muskelaufbau und die Verstärkung der Knochendichte.

Schlafunterbrechungen führen oft dazu, dass das Hormon Leptin nicht im ausreichenden Maße gebildet wird. Es signalisiert dem Körper Sättigung. Wenn das Hungergefühl ausgeschaltet ist, ist guter Schlaf ein echter Schlankmacher. Bei Schlafunterbrechungen besteht die Gefahr, dass abends und nachts gegessen wird - mit entsprechend übergewichtigen Folgen.

❗ TIPP:

Nachfolgend einige praktische Tipps zum Schlafverhalten, die mir seit Jahren geholfen haben.

Ganz wichtig:

Trainieren Sie sich einen guten Schlaf-Wach-Rhythmus an. Das sind etwa konstante Aufstehzeiten am Morgen, unabhängig vom Zeitpunkt des Einschlafens (auch am Wochenende bzw. im Urlaub) oder auch eine positive Einstellung zum Schlafengehen.

Schaffen Sie sich Schlafrituale wie Entspannungsmusik oder leichte Meditationsübungen. Stehen Sie bei quälender Schlaflosigkeit auf, aber tun Sie nichts Aktivierendes. Vermeiden Sie dabei Störquellen, die ausgeschaltet werden können. Elektrosmog kommt heute nahezu in jedem Schlafzimmer vor.

Tun Sie im Bett nichts, was sich mit Schlaf nicht vereinbaren lässt (z. B. Essen, Telefonieren oder Arbeiten).

Was nach Ansicht von Ärzten und Wissenschaftlern im Bett immer stattfinden kann, ohne dass es den späteren Schlaf stört, hieß früher: „Die Erfüllung ehelicher Pflichten". Sex baut Stresshormone ab.

INNERER SCHWEINEHUND

Es gibt Menschen, die lieben Tiere und halten sich eines zu Hause: eine Katze zum Beispiel, einen Hund oder ein Meerschweinchen. Andere können sich nichts Schlimmeres vorstellen, als ihre Wohnung mit einem haarigen Vierbeiner zu teilen. Aber es gibt da ein gewisses Tier, das will fast keiner haben und doch besitzt es wohl jeder: den „inneren Schweinehund". Was ist das eigentlich für ein Viech und warum werden wir es nicht los?

Jeder kennt ihn, jeder hat ihn zu Hause. Er ist immer anwesend, selbst wenn man ihn ganz und gar nicht gebrauchen kann. Er gibt Ihnen Ratschläge, die zwar nicht immer gut sind, aber meistens hören Sie auf ihn. Wir sprechen vom „inneren Schweinehund". Wie sieht das Viech denn aus? Riesengroß, riesiger Kopf, lange Ohren und richtig satt und vollgefressen? Dieser Schweinehund ist so wichtig, dass er in Bonn als Denkmal vor der Bundeskunsthalle zu besichtigen ist. Der geschätzte Kollege Dr. Stefan Frädrich hat sogar eine sehr erfolgreiche Buchserie darüber verfasst.

Die Bezeichnung „innerer Schweinehund" umschreibt oft als Vorwurf die Allegorie der Willensschwäche, die eine Person daran hindert, unangenehme Tätigkeiten auszuführen.

Eigentlich ist der „innere Schweinehund" mehr Freund als Feind. Er ist die innere Instanz, die es davon zu überzeugen gilt, dass eine gesunde Ernährung und regelmäßige Bewegung deutlich besser für uns sind. Hat der „innere Schweinehund" das einmal begriffen, wird er schnell zur treibenden Kraft eines gesünderen Lebens.

❗ TIPP:

Kleine Schritte bringen schneller Erfolgserlebnisse. Man sollte sich auch für kleine Etappen belohnen. Beispiel: Wenn ich es schaffe, zweimal pro Woche eine halbe Stunde Sport zu machen, gönne ich mir ein schönes Glas Wein.

Machen Sie ein persönliches Projekt daraus. Definieren Sie Start, Zwischenschritte und Ziel. Ohne Ziel, kein Erfolg, ohne Ziel treten Sie auf der Stelle. Feiern Sie dabei jeden Teilerfolg, erfreuen Sie sich daran, Stress nicht zu Ihrem Gegner, sondern zu Ihrem Partner zu machen. Arbeiten Sie mit ihm, anstatt gegen ihn. Erstellen Sie für sich einen Stressregulierungsplan.

Mittlerweile gibt es sehr gut ausgebildete Stressregulierungstrainer und Stresscoaches, welche Ihnen hierbei helfen. Auf der Webseite (www.stressregulierung.de) finden Sie über das ganze Bundesgebiet verteilte ausgebildete Trainer, Coaches und Berater mit erstklassigen Referenzen.

MEIN PERSÖNLICHES STRESSPRÄVENTIONSPROJEKT

Das THEMA – MEINE AUFGABE:

Wie ist meine Situation im Bezug auf Stress. Was nehme ich mir vor, im Hinblick auf Stressprävention konkret zu verändern?

Mein Ziel:

Was genau will ich erreichen?

Meine Termine und Maßnahmen:

Bis wann werde ich was tun, um dieses Ziel zu erreichen? Planen Sie in kleinen Schritten.

Wer oder was kann mich bei der Umsetzung unterstützen?

SCHLUSSWORT

Geschafft

Nun haben Sie es geschafft. Wenn Sie auch nur einen der vielen Tipps beherzigen und anwenden, hat sich die kleine Investition für dieses Buch schon gelohnt. Stressregulierung basiert auf den aktuellen Forschungsresultaten, welche nachweislich belegen, dass das körperliche und geistige Gleichgewicht nach einer Stresseinwirkung sofort wieder hergestellt werden kann. Sie wissen ja nun: Stress beginnt im Kopf. Einen Dank für die vielen Anregungen und praktischen Tipps möchte ich hier ganz speziell an Monika und Kilian Schmid vom Schweizerischen Zentrum für Stressforschung aussprechen. Diese beiden haben in der Schweiz ein sehr gutes Ausbildungsprogramm zum diplomierten Stressregulationstrainer und Stresscoach entwickelt, das in Europa seinesgleichen sucht.

Dank auch an Peter Löwenhagen, der mit seinen zahlreichen Karikaturen maßgeblich zur vielfachen Erheiterung beitrug.

Weiteren Dank möchte ich allen Autoren und Verlegern aussprechen, die in Büchern, Zeitschriften und im Internet wirklich sehr gutes Material niedergeschrieben und hinterlegt sowie unzählige Tipps gegeben haben. Es war mir eine Freude, immer wieder neue Methoden, Techniken und Erfahrungsberichte herauszufinden und auch an mir selbst anzuwenden. Und glauben Sie mir:

Die meisten Tipps helfen sogar.

Sie wissen nun, was Sie gegen Stress tun müssen. Sie sind nun vielen Menschen gegenüber im Vorteil. Denken Sie um, vom Zeitverbrauch hin zum Zeitgenuss, werden Sie ein „Ich-hab-Zeit-Junkie", bieten Sie Qualität statt Quantität.

Erlernen Sie die Kunst der Optimierung (nur die Ahnungslosen nennen dieses „Faulsein") und bringen Sie Ihr Leben in Balance. Erlernen Sie Entspannung und sinnvolle Bewegung und entschleunigen Sie Ihr Leben.

Unterscheiden Sie – wie vom 9. Stresshelfer gelernt – nach Dringlichkeit und Wichtigkeit und jagen Sie nicht länger nach dem Glück. Dieses kommt von alleine. Entdecken Sie die Langsamkeit, denn sie schärft die Sinne. Denn nur über die Sinne entsteht in Ihrem Körper Glück. Puschen Sie die Produktion des körpereigenen Botenstoffs des Glücks, des Serotonins.

Willkommen im Serotonin-Zeitalter!

Nach wie vor stehen Ihnen die Ersthelfer zur Seite. Rufen Sie sie, wenn Sie sie brauchen. Die Stress-Ersthelfer freuen sich darüber und helfen gerne. Weiter bieten die Stress-Ersthelfer regelmäßig Seminare zum Thema Stress- und Burnout-Prävention im gesamten deutschsprachigen Raum an. Informieren Sie sich bei Interesse unter: www.peterbuchenau.de

Übrigens: Forscher des Karlsruher Instituts für Technologie haben eine Art Pulsuhr entwickelt, die Stress misst. Das Gerät misst die Pulstransitzeit – also die Zeit die eine Pulswelle benötigt, um das Blut vom Herzen bis zum Zeigefinger zu pumpen.

Auf diese Weise lässt sich dann genau feststellen, wann, wo und wie intensiv eine Person welchen Stress erlebt.

Auch hat die Deutsche Telekom auf der CeBit 2013 eine Stress-Manager-App vorgestellt, die anhand einer Stimmprobe erkennt, wie gestresst man ist und für Hilfe sorgt.

Sie wisse ja, unterschiedliche Stresssituationen wie Unruhe, Verärgerung oder Besorgnis wirken sich jeweils anders auf die Psyche und das Verhalten des Menschen aus und es gibt viele Möglichkeiten, die innere Anspannung systematisch abzubauen. In Zusammenarbeit mit der Firma Feingold Technologies Hat die Telekom diese Methoden in der App „Stress Manager" zusammengefasst. Mit ihrer Hilfe können Nutzer mit einfachen Übungen ihren Stresspegel senken und ihr Wohlbefinden verbessern.

Stimme als Ausdruck der Gemütslage

Ähnlich wie Menschen in Sekundenbruchteilen die Gemütslage einer Person am Stimmklang erkennen, registriert die App anhand der Stimmfrequenz verschiedene Stress- und Nervositätszustände. Das funktioniert, weil Muster in der Stimme bestimmten Gehirnaktivitäten entsprechen und diese mit emotionalen Zuständen verbunden sind.

Anhand einer Stimmprobe analysiert die App die aktuelle Belastungssituation, erkennt acht Stresstypen und misst deren Intensität auf einer Skala von eins bis fünf. Passend zu den jeweils ermittelten Stresstypen bietet die App Hilfen für den Stressabbau aus einer internen Mediathek: Entspannungsübungen zum Nachmachen, Massagetipps, Entspannungsvideos, Songs oder Wohlfühl-Klänge.

Erfolgreiches Stressmanagement

Unternehmen können die App ihren Mitarbeitern zur Verfügung stellen, damit diese schwierige Situationen besser meistern - zum Beispiel im Kundenkontakt oder vor wichtigen Terminen. Neben Bereichen wie Kundenservice oder Beschwerdemanagement können Betriebe die App auch im Rahmen des betrieblichen Gesundheitsmanagements einsetzen. So lassen sich mit der App Burnout-Signale frühzeitig erkennen, stressbedingte Gesundheitsrisiken und die daraus entstehenden Krankheitstage verringern sowie die Mitarbeiterzufriedenheit und die Produktivität erhöhen. Willkommen im Serotonin-Zeitalter.

AUSGEWÄHLTE ANTI-STRESS-REZEPTE

Anti-Stress-Auflauf
(nach www.chefkoch.de)

Zutaten für 4 Portionen:

400 g Penne
200 g Paprikaschote(n), rot und grün
100 g Champignons
100 g Oliven, grüne
2 Zwiebeln
4 Tomaten
100 g Erbsen, TK
200 g Käse, geriebener (Emmentaler)
300 g Frischkäse
400 ml Crème fraiche
50 g Tomatenmark
Salz und Pfeffer, Zucker
Knoblauch nach Geschmack
Oregano
2 EL Butter

Zubereitung:

Die Penne in kochendem Salzwasser bissfest kochen. Die Paprikaschoten, die Zwiebeln und die Champignons klein schneiden. Butter in einem Topf schmelzen lassen, die Hälfte der

Zwiebelwürfel sowie Knoblauch nach Geschmack dazugeben, anschwitzen lassen und mit der Crème fraîche ablöschen. Frischkäse und Tomatenmark dazugeben und die Mischung gut durchkochen. Mit Salz, Pfeffer, Zucker und Oregano abschmecken.

Die Penne mit den restlichen Zwiebeln, den Paprikastücken, den Erbsen und den Oliven mischen und in eine Auflaufform geben. Die Champignons kurz in einer Pfanne anbraten und dann auf den Nudeln verteilen. Die Tomaten in Scheiben schneiden und darauf legen. Alles mit der Frischkäsesauce bedecken. Als Abschluss den geriebenen Emmentaler darüber streuen.

Rezeptinfos:

Bei 180 bis 200 Grad 15 bis 20 Minuten überbacken.

Zubereitungszeit: ca. 30 Min.
Schwierigkeitsgrad: normal
Brennwert p. P.:   keine Angabe

Anti-Stress-Kekse
(nach Hildegard von Bingen)

Zutaten für 6 Personen:

750 g Dinkelvollkornmehl
175 g Butter
200 g brauner Zucker
2 Eier
5 g Nelkenpulver
20 g Muskatnuss, hört sich viel an, ist es aber nicht
20 g Zimtpulver
¼ Teelöffel Salz

Zubereitung:

Alle Zutaten vermischen und mit ein bisschen Wasser zu einem glatten Teig verkneten. Diesen dünn ausrollen und Plätzchen ausstechen. Im vorgewärmten Backofen bei 180-200 °C 5-10 Minuten backen.

Rezeptinfos:

Zubereitungszeit: ca. 15 Minuten

Anti-Stress-Drink
(nach www.kochmeister.com)

Zutaten für 4 Portionen:

1 TL Honig
50 ml Rote-Beete-Saft
1 Grapefruit, Saft
1 Spritzer Zitronensaft

Zubereitung:

Grapefruit-, Rote Beete-, Zitronensaft und Honig in ein hohes Glas geben und gut verquirlen. Mit Mineralwasser aufgießen.

Anti-Stress-Salat
(nach www.kochmeister.com)

Zutaten für 4 Portionen:

1/2 Grillhähnchen, fertig gekauft
1 EL rosa Pfefferbeeren
100 g Schlagsahne
4 EL Limettensaft
4 EL Créme Fraiche
1 Kantalup-Melone
2 Kiwis
1 große Orange
1 rosa Grapefruit
150 g Feldsalat
Salz, Zucker

Zubereitung:

Das Hähnchen häuten, das Fleisch ablösen und in mundgerechte Stücke teilen. Feldsalat waschen, putzen und gut abtropfen lassen. Grapefruit und Orange schälen, die Fruchtstücke mit einem scharfen Messer aus den Trennhäuten lösen und quer halbieren. Den Saft aus den Trennhäuten herausdrücken. Kiwis schälen, längs vierteln und in Scheiben schneiden. Melone halbieren, entkernen und jede Hälfte in 2 cm breite Schnitze teilen. Das Fruchtfleisch von den Schalen lösen.

Créme Fraiche mit Limetten- und dem ausgedrückten Saft verrühren. Die Sahne leicht schaumig rühren und unterheben. Dressing mit Salz und Zucker würzen. Vier Teller zuerst mit Feldsalat belegen, darauf sternförmig die Melonenschnitze anrichten. Hähnchen-, Kiwi-, Grapefruit-, und Orangenstücke

mischen, in die Mitte häufen und mit dem Dressing begie-
ßen. Rosa Pfefferbeeren leicht zerdrücken und über den Salat
streuen.

*Egal, ob körperlicher oder seelischer Stress: Ein stark belas-
teter Körper braucht besonders viel Vitamin C, um seine Kräfte
zu reaktivieren. Der Anti-Stress-Salat ist also genau das Richtige, denn er deckt mehr als den im Normalzustand notwendigen Vitamin C Bedarf. Außerdem liefert er jede Menge an rasch
verfügbaren Kohlenhydraten, die ebenfalls aufbauend wirken.*

Rezeptinfos:

Schwierigkeitsgrad: einfach

❙ ÜBER DEN AUTOR ❙

Peter Buchenau ist seit 1994 als Business-Berater, Redner und Kabarettist international tätig. Schon zu Beginn seiner Karriere, die 1982 in der Schweiz begann, achtete er auf werteorientiertes, gesundheitsförderndes und qualitätsbewusstes Denken und Handeln.

Zusätzliches Wissen über das Globale Management, über Werte, Gesundheit und Qualität hat er an der Unisys University und an den Hochschulen St. Gallen und Winterthur erworben.

Im Jahr 2001 gründete er die The Right Way Gruppe. Der berufliche Schwerpunkt liegt seither auf dem ganzheitlichen Managementansatz. Gesunde Firmen brauchen gesunde Mitarbeiter. Peter Buchenau erarbeitet mit seinem Team ganzheitliche Businesslösungen unter Einbezug der Bereiche Führung, Management, Projekterfolg, Coaching sowie Stressreduzierung und Burnout-Prävention.

Seit 2009 hält er einen Lehrauftrag an der Fachhochschule Karlsruhe und ist Referent an der Hochschule St. Gallen. Zusätzlich steht er als Kabarettist auf der Bühne.

Kernkompetenz der The Right Way ist das ganzheitliche Erfolgsmanagement.

Neben den dazu benötigten methodischen Werkzeugen und Prozessen integriert The Right Way den Menschen und dessen Gesundheit als wesentlichen Bestandteil im erfolgreichen Management und schafft somit ein Alleinstellungsmerkmal am deutschen Beratungs- und Trainingsmarkt.

Einzelberatungen und Coachings runden die Dienstleistungen als Gesamtes ab.

Weitere Informationen erhalten Sie unter www.the-right-way.eu und unter www.peterbuchenau.de.

Mehr wissen – weiter kommen!

↗

Ein einfacher Weg zu besseren Arbeitsergebnissen und weniger Stress

Die berufstätigen Löwen Lono und Kimba geben beide ihr Bestes, um in ihrer Arbeitswelt, der Löwen-Liga, zu bestehen. Dort sind die Anforderungen sehr hoch, und die beiden begegnen ihnen auf unterschiedliche Weise. Während es dem ständig von Burnout bedrohten Lono nicht gelingt, Beruf und Privatleben in Einklang zu bringen, kann Kimba den Herausforderungen erfolgreich begegnen. Er erzielt bessere Arbeitsergebnisse und hat die wichtigsten Lebensbereiche gut im Griff. Die Autoren Buchenau und Davis bleiben konsequent in dem von ihnen geschaffenen „Löwen-Universum", in dem es Lion-Mails, den Kollegen Löwenhardt und nach Feierabend auch schon mal ein kühles Löwenbräu gibt. Mit einem Augenzwinkern zeigen die Autoren metaphorisch zwei Möglichkeiten des Umgangs mit beruflichen Herausforderungen auf.

So vermitteln die Löwenfiguren auf humorvolle und unterhaltsame Weise einen Weg zu einer ausgeglichenen Work-Life-Balance – gut gebrüllt, Löwe!

Die Autoren

Peter Buchenau ist seit über 15 Jahren als Krisenmanager, Ratgeber und Redner mit den Schwerpunkten Führung und Krisenmanagement sowie Stress- und Burnout-Prävention auf dem internationalen Markt tätig. Er hält einen Lehrauftrag an der Hochschule Karlsruhe und ist Referent an der HSG St. Gallen. Nebenbei steht er noch als Kabarettist auf der Bühne.

Zach Davis ist Bestsellerautor, spezialisiert auf Zeitintelligenz und PoweReading. Seit 2003 ist er als Referent mit einem „Infotainment auf höchstem Niveau" (Handelsblatt) unterwegs. Der Vortragsredner des Jahres 2011 wurde im Jahr 2012 in Indianapolis/USA zum CSP (Certified Speaking Professional) gekürt. Mit seinen Veranstaltungen erleichtert er Fach- und Führungskräften, Studierenden, Selbstständigen und dem Top-Management das Berufsleben.

Peter Buchenau, Zach Davis

Die Löwen-Liga

Tierisch leicht zu mehr Produktivität und weniger Stress
2013. X, 148 S. 52 Abb.
Br. € (D) 14,99 | € (A) 15,41 | *sFr 19,00
ISBN 978-3-658-00946-5

Änderungen vorbehalten.
Erhältlich im Buchhandel oder beim Verlag.

Abraham-Lincoln-Straße 46 . D-65189 Wiesbaden
Tel. +49 (0)6221 / 3 45 - 4301 . springer-gabler.de

Top-Coaches und Berater berichten aus der Praxis

↗

Ein richtungsweisendes Fachbuch zu einem neuen Trend

Der demografische Wandel und ein damit verbundener Mangel an leistungsfähigen Führungs- und Fachkräften, der stete Druck, sich an einem globalisierten Markt zu beweisen, die immer komplexer werdenden Prozesse der internen Administration – all dies stellt Unternehmen und Mitarbeiter vor enorme Herausforderungen. Umso wichtiger wird es in diesem Zusammenhang, die wertvolle Ressource Mensch zu schützen und dessen Arbeitskraft zu erhalten. Gesundheit spielt hierbei eine große Rolle: Gesunde Mitarbeiter leisten mehr, sind produktiver und effektiver. Gesundheit wird zur Chefsache und zum Wirtschaftsfaktor in Unternehmen, wie es auch der kommende sechste Kondratieff-Zyklus vorsieht.

14 Coaches, Berater und Trainer beschreiben bezogen auf ihr jeweiliges Fachgebiet, welchen Einfluss der Faktor Gesundheit künftig auf Unternehmen haben wird, und geben praktische Hinweise für einen zeitgemäßen Umgang mit diesem wichtigen Thema.

Die Zielgruppen

- Führungskräfte und Personalverantwortliche sowie Gesundheitsbeauftragte in Unternehmen

- Studierende und Dozenten in den Fachgebieten Betriebswirtschaftslehre, Sozialarbeit und Gesundheitsmanagement

Peter H. Buchenau (Hrsg.)

Chefsache Gesundheit

Der Führungsratgeber
fürs 21. Jahrhundert
2013. XII, 258 S. 48 Abb. Brosch.
€ (D) 29,99 | € (A) 30,83 | *sFr 37,50
ISBN 978-3-658-01417-9

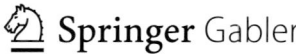
Springer Gabler

Abraham-Lincoln-Straße 46. D-65189 Wiesbaden
Tel. +49 (0)6221 / 3 45 - 4301 . springer-gabler.de